国家级职业教育规划教材
全国技工院校市场营销专业教材（中级技能层级）
全国中等职业学校市场营销专业教材

（第二版）

MARKETING

客户关系管理

王翎　主编

中国劳动社会保障出版社

简介

本书为国家级职业教育规划教材，主要内容包括：客户关系建立、客户关系定位、客户关系维护、客户关系修复、客户关系管理（CRM）系统应用等。教材依据中职学生认知特点编写，每个课题均用案例做引领，通过对案例的分析引出知识讲解，同时在知识讲解中穿插技能实践和案例阅读，帮助学生理解、吸收所学知识。每个课题还配有思考与练习，帮助学生巩固知识和技能。

本书由王翎任主编。

图书在版编目（CIP）数据

客户关系管理 / 王翎主编. -- 2版. -- 北京：中国劳动社会保障出版社，2019

全国技工院校市场营销专业教材. 中级技能层级　全国中等职业学校市场营销专业教材

ISBN 978-7-5167-4133-7

Ⅰ. ①客…　Ⅱ. ①王…　Ⅲ. ①企业管理 – 供销管理 – 中等专业学校 – 教材　Ⅳ. ①F274

中国版本图书馆CIP数据核字（2019）第163454号

中国劳动社会保障出版社出版发行

（北京市惠新东街 1 号　邮政编码：100029）

*

北京市艺辉印刷有限公司印刷装订　新华书店经销

787 毫米 ×1092 毫米　16 开本　7.75 印张　123 千字

2019 年 8 月第 2 版　2022 年 8 月第 6 次印刷

定价：15.00 元

读者服务部电话：（010）64929211/84209101/64921644

营销中心电话：（010）64962347

出版社网址：http://www.class.com.cn

http://jg.class.com.cn

前言

全国中等职业技术学校市场营销专业教材自出版以来，在学校教学中发挥了重要作用。近年来，随着经济的发展，我国市场营销环境也发生了巨大的变化，这对市场营销从业人员的职业素养和知识、技能水平都提出了更高的要求。为适应这一变化，满足学校培养人才的需求，我们组织了一批骨干教师与行业、企业专家，在充分调研的基础上，对现有教材进行了修订。

本次教材修订工作的重点主要体现在以下几个方面：

第一，完善了教材体系。根据目前职业院校市场营销专业的教学实际，将《店铺陈列》《店铺促销》《连锁经营与管理》等教材整合为《店铺经营与管理》，增加了《市场调查》教材。调整后，整套教材体系更加科学、完善，也更便于教学。

第二，更新了教材内容。针对市场营销专业的现状和发展趋势以及企业的岗位需求，调整、补充和更新了相关教材的结构和内容，使教材更具时代感和前瞻性。增加了实践性教学内容的比重，在主要技能课教材中加入实训项目，并配以详细的操作指导，以引导学生运用所学知识分析和解决实际问题。

第三，改进了教材表现形式。针对学生的认知规律，在教材编写上尽可能多地以图表代替冗长的文字叙述，使教材更加生动，易于学习。同时，对上一版教材的栏目设置进行了整合、优化，使其脉络更加清晰，提高了教材的可读性和实用性。

第四，加强了教材配套资源建设。在修订教材的同时，修订了配套习题册和电子课件。电子课件及习题答案可通过职业教育教学资源和数字学习中心

（http://zyjy.class.com.cn）免费下载。在部分教材中使用了二维码技术，针对教材中的教学重点和难点制作了案例文本、演示视频等多媒体素材，学生使用移动终端扫描二维码即可在线观看相应内容。

本套教材的编写得到了有关学校的大力支持，教材编审人员做了大量的工作，在此我们表示衷心的感谢！同时，恳切希望广大读者对教材提出宝贵的意见和建议。

人力资源社会保障部教材办公室

目录

绪论

客户和企业的关系就像“水”与“舟”的关系。水能载舟亦能覆舟，客户可以给企业带来利润，使企业兴旺发达，也可以给企业带来风险，使企业破产倒闭。因此，企业对客户关系的管理至关重要。

一、客户关系管理的概念

客户关系管理是指企业按照客户分类的情况有效组织资源，培养以客户为中心的经营行为，以及实施以客户为中心的业务流程，并以此为手段来提高企业的营利能力和客户满意度。

二、客户关系管理的内容

客户关系管理包括三方面的内容：建立与客户的关系、维护与客户的关系、在客户关系破裂情况下修复和重建客户关系。

三、客户关系管理的发展历程

最早实施客户关系管理的国家是美国，在 1980 年美国提出“接触管理（Contact Management）”，即专门收集与公司有关的客户的所有信息。到 1990 年，他们将“接触管理”演变成为电话服务中心支持资料分析的“客户关怀（Customer Care）”。后来，为了降低成本、提高效率、增强企业竞争力，许多企业采用了企业资源计划（ERP，Enterprise Resource Planning）系统，对企业业务流程进行重新设计，这一方面提高了企业内部业务流程的自动化程度，让员工从日常事务中解放出来；另一方面也对原有流程进行了优化，让企业可以有更多的精力关注市场，以抓住更多的商业机会。

在企业竞争越来越激烈的情况下，客户的重要性日益突出，他们对服务的及时性和质量都有了更高的要求。企业在处理客户关系时，越来越感觉到力不从心，于是拥有信息技术支持的客户关系管理（CRM）系统应运而生。20 世纪 90 年代后期，网络技术的普及和运用，使得 CRM 系统在企业中得到了广泛的推广和运用，它为企业提供全面、及时的客户数据，使企业能够清晰地了解每位客户的需求和购买历史，并及时提供相应的服务。另外，Web 站点、在线客户自助服务和基于销售自动化的电子邮件的普遍运用，让客户关系管理进一步拓展了服务能力，在企业的营销中显示出不可替代的重要作用。

四、客户关系管理的特征

1. 客户关系管理代表着一种管理理念

新经济时代，企业的经营已从“以生产为中心”转变为“以客户为中心”，客户关系管理代表着这个时代核心的管理理念。

2. 客户关系管理依靠技术手段

伴随着科技的发展，“以客户为中心”的理念可以通过科学技术付诸实施，通过现代化的信息手段，不断改善客户关系、互动方式、资源调配、业务流程和自动化程度，真正实现客户满意。

3. 客户关系管理反映商业策略

企业的根本目标是追求利润，通过转变管理思想、改进管理方式、更新管理工具等方式实现利润的提升。其中客户关系管理就是一种通过技术与理念的结合选择和管理有价值客户的一种商业策略。

4. 客户关系管理体现企业文化

企业的可持续性发展，必须将“以客户为中心”的管理理念上升成为全体员工认同的企业文化，这样全体员工才会配合企业做好资源和流程的整合，建成高效的客户关系管理系统。

五、客户关系管理的重要性

1. 客户关系管理是重要的管理工具

在现代企业经营中，客户关系管理作为一种管理工具，能帮助企业有效地管理客户、挖掘客户、服务客户，从而提高企业管理的水平。

2. 客户关系管理是发现商机的重要途径

在客户关系管理的过程中，企业能近距离地接触客户，了解客户的所思所想，准确发现客户的需求，从而发现商机，推进企业的创新和发展。

3. 客户关系管理为企业获得重要的资源

在客户关系管理中获得的客户资料，经过分类整理成为客户档案，成为企业重要的经营资源。

4. 客户关系管理是提高企业经济效益的重要手段

客户关系管理可以使企业有效地提高客户满意度，提升客户忠诚度，是企业增加销售收入、提高营销投资回报率的重要手段。

综上所述，客户关系管理是企业进行市场营销活动至关重要的一环，它需要依托企业的客户关系管理岗位来实现。本教材正是依据客户关系管理岗位的要求，立足于客户关系管理的基本工作过程，以工作模块为载体，通过客户关系的建立、客户关系的定位、客户关系的维护、客户关系的修复、客户关系管理（CRM）系统的应用五个模块，落实客户关系管理的工作内容和职业技能。通过学习本教材，学生可以对客户关系管理有较为全面的认识，熟悉客户关系管理的基本内容和过程，了解客户关系管理的主要理论及其在实际中的具体应用，掌握客户关系建立、客户关系维护、客户关系修复、客户关系管理（CRM）系统应用等方面的核心知识和职业技能。

模块一 客户关系建立

学习目标

- 了解客户的类型
- 掌握判断潜在客户的方法
- 掌握寻找潜在客户的方法
- 掌握客户价值的区分方法
- 能够正确判断潜在客户
- 能够简单分析客户的价值

课题 1　判断潜在客户

案例引导

中午时分，在写字楼的广场上有三个人招手打车。一个是年轻女子，拿着一个小包；一个是中年男子，拿着笔记本电脑包；一个是年轻男子，拿着一个购物袋。路过此处的出租车司机吴师傅选择了拿笔记本电脑包的中年男子作为乘客，因为他判断该中年男子很有可能是要进行公务拜访，路程会比较远，而年轻女子应该是在附近工作，年轻男子应该是在附近逛街，两个人路程都不会太远。事实也正是如此。

思考：出租车司机是如何判断潜在客户的？

相关知识

一、客户的概念

客户是指所有愿意接受产品或服务的组织和个人。客户和顾客的含义有一定的区别，“顾客”对于企业来说是个宽泛的含义，企业对顾客情况的了解一般不深，只是“没有名字的一张脸”，而“客户”则是在企业的信息库中有其资料记录的顾客。

二、客户的类型

1. 零售客户

零售客户是指购买企业零售商品的消费者。这类客户的特点是购买比较稳定，消费额一般不高。他们是企业稳定销售的基础，是企业生存的依靠。

2. 企业客户

企业客户是指购买企业产品，通过对产品进行深加工或增加附加值让其增值成为新产品再卖出去的商家。这类客户往往是企业的大客户，购买数额大。他们是企业销售额和利润增长的重要来源。

3. 渠道分销商和代理商

渠道分销商和代理商是指购买企业的产品再销售出去，从中赚取差价的客户。随着现代流通业的快速发展，这类客户对企业的经营起到了至关重要的作用。许多进出口贸易公司、产品经销商就属于这种类型。

4. 企业内部客户

企业内部客户是指企业内部购买本企业的产品和服务来实现自己商业目的的客户。例如，某食品公司开设了一家餐饮店，该餐饮店在经营过程中会购买本企业的食品，餐饮店就属于食品公司的企业内部客户。

三、客户的定位

客户在企业营销中所处的位置称为客户的定位。企业需要清楚地了解客户的定位，然后针对客户的定位进行有效的管理。客户的定位一般包括以下五种。

1. 潜在客户

潜在客户是指对企业的产品或服务有需求和购买的动机，有可能但还没有实际产生购买行为的人群。例如，新入学的大学生很可能是计算机产品的潜在客户。

2. 目标客户

目标客户是指企业经过挑选后，确定要将其开发为现实客户的人群。例如，某智能手机将商务人士确定为自己的目标客户。

3. 现实客户

现实客户是指已经购买了企业产品或服务的人群，他们是企业已经存在的实际客户。现实客户又可分为初次购买客户、重复购买客户和忠诚客户。初次购买客户是指第一次购买企业产品或服务的客户，重复购买客户是指第二次或第二次以上购买企业产品或服务的客户，忠诚客户是指持续地、指向性地重复购买企业产品或服务的客户。越是忠诚的客户对企业的贡献越大，企业要用心维持和保护好这类客户。

4. 流失客户

流失客户是指曾经是企业的客户，但由于种种原因，现在不再购买企业产品或服务的客户。

5. 非客户

非客户是指与企业产品或服务无关，或者对企业有敌意，不可能购买企业产品或服务的个人或组织。他们对企业来讲，一般不会发生经营的交往，也不可能成为企业利润的来源，所以企业不会主动关注这类客户。

四、客户对企业的价值

企业对客户的关注重点在于客户能给企业带来价值，客户带给企业的价值主要体现在以下五个方面。

1. 客户是企业利润的来源

客户是企业利润的来源，因为只有客户购买了企业的产品或服务，才能使企业的利润得以实现。正是基于这个理念，许多企业提出了“客户是我们的衣食父母”的经营理念。沃尔玛的创始人萨姆·沃尔顿认为，企业实际上只有一个真正的老板，那就是客户。企业没有了客户，就失去了利润的来源。

2. 客户给企业带来聚客效应

企业经营需要有旺盛的人气，客户是企业人气的基础，老客户对企业的忠诚和满意会产生聚客效应，引来更多新客户，如果没有老客户所带来的人气，企业很难源源不断地吸引新客户，也就不可能长久、持续地发展。

3. 客户给企业提供信息

从客户的意见中，企业可以了解到用户的需求、竞争对手的信息、客户满意程度等，为企业制定营销策略提供真实、准确的第一手资料。企业如果专门去取得这些信息需要花费大量的人力、物力和财力，而客户提供的信息既准确，又有针对性，还可以为企业节省大量资源。

4. 客户为企业做口碑传播

客户将自己在企业购买产品或服务所得到的满意感受向他人宣传，就形成了口碑。好的口碑会为企业带来更多的新客户，从而使企业销售增长、收益增加。在促成客户购买的信息来源中，口碑传播的可信度最大，远远胜过广告和公共宣传对客户购买决策的影响。越来越多的企业开始重视客户的口碑传播，利用客户的口碑来宣传自己的产品或服务。

5. 客户是企业赢得竞争的基石

企业的竞争表面上是产品和服务的竞争，实际上是争夺客户的竞争。如果企业拥有较多的具有较高满意度和忠诚度的客户，就能在竞争中站稳脚跟，立于不败之地。因此，企业应该关注如何提高客户的满意度和忠诚度，以赢得竞争。

五、判断潜在客户的方法

潜在客户是企业最大的资产，是企业业务发展的根本。当顾客表现出对企业有兴趣时，他就有可能成为该企业的潜在客户。潜在客户最早期的外在表现往往是询问，但是要判断其是否为真正的潜在客户，还需要按照下面的方法正确操作。

1. 对照“MAN”原则，分析客户条件

“MAN”原则是指成为潜在客户需要具备的三个条件。

（1）金钱（Money）

金钱是指潜在客户必须具备一定的购买能力，能买得起企业所提供的产品或服务，如果向月收入较少的客户推销一幢高档别墅，通常只能是徒劳。

（2）购买决定权（Authority）

购买决定权是指购买对象对购买行为有决定、建议、反对的权力。许多看似要成交的交易未能实现，原因在于找错了人，找的是没有决定权的人。例如，数控机床推销员小周一直想把自己企业的产品推销给一家机电公司，经过多方努力，得到了该公司设备负责人的同意，但最终因为该公司具有购买决定权的总工程师的反对，交易未能达成。

（3）需求（Need）

需求是指购买对象需要企业的产品或服务。例如，向刚购买过房产的消费者推销房产，即使该消费者具备购买能力和决策权，但其没有对房产的需求，自然也不属于潜在客户。

2. 依据客户的条件，定位客户

企业在实践中通常采用客户条件字母表（见表 1—1）的方法来定位客户。

表 1—1　客户条件字母表

金钱（购买能力）	购买决定权	需求
M（有）	A（有）	N（有）
m（无）	a（无）	n（无）

对照表格，选出金钱（购买能力）、购买决定权、需求三个项目对应的字母，形成字母组合，不同的字母组合表示不同类型的潜在客户，需要采取不同的对应方法。

M+A+N：理想潜在客户和目标客户，最佳销售对象。

M+A+n：可接触潜在客户，运用适当销售策略，有望销售成功。

M+a+N：可接触潜在客户，需找准有决定权的人。

m+A+N：可接触潜在客户，调查业务、信用状况后可按条件给予融资。

m+A+n：可接触潜在客户，长期培养使其具备条件。

M+a+n：可接触潜在客户，长期培养使其具备条件。

m+a+n：非潜在客户，停止接触。

m+a+N：非潜在客户，停止接触。

技能实践

某职业学校营销专业的同学来到一家在线旅游服务公司顶岗实习，他们接到的第一项任务是：通过对公司客户的调研和分析，运用客户关系管理的相关知识，写出一份关于该公司客户定位和状态分析的实习报告。

某在线旅游服务公司客户分析

1. 客户背景调研

该公司的经营项目是提供旅游产品与服务，消费者对旅游产品与服务的需求是其主要的利润来源。

该公司的消费客户为经常出行的商务人士、爱好旅游的人士、经济宽裕而又谨慎出游的白领以及大学生，即大多数为商旅人士和散客。该公司还有一些其他服务商客户，分别是：机票提供商、酒店提供商、旅行社和签证提供商。

2. 客户定位

依据客户类型，实习小组对当前该公司的客户定位如下：

（1）潜在客户：有出行需求的消费者以及能提供出行服务的供应商。

（2）目标客户：经常出行的商务人士、爱好旅游的人士、机票提供商、酒店提供商、旅行社和签证提供商。

（3）现实客户：经常出行的商务人士、爱好旅游的人士、经济宽裕而又谨慎出游的白领以及大学生。目前该公司的主要现实客户多为商旅人士和散客。

（4）流失客户：由于公司知名度还不高，许多消费者对公司还不够信任，会选择其他旅行服务公司。

（5）非客户：对该公司来讲，高端商务人士显然不是他们的服务对象。

3. 潜在客户分析

依据客户定位，对该公司的潜在客户分析如下：

（1）该公司的目标客户是 M+A+N 类客户，他们是该公司的最佳营销对象。

（2）有经常出行需求的消费者，包括 M+a+N 类客户、m+A+N 类客户，属于可接触潜在客户，这类客户是需要销售人员大力开发的客户。

（3）许多人都有旅游出行的愿望，但收入有限，如大学生就是这类典型客户，属于 m+A+N 类或 m+A+n 类客户，对于这类客户，需要该公司有耐心地长期培育。

（4）对于有购买力但没有决定权，或没有需求的 M+a+n 类客户，如老人，公司可以通过长期的培养，唤起这批潜在客户的消费欲望，同时创造条件，促使 a+n 转化为 A+N。

（5）近三年内，该公司不打算将高端商务出行作为自己的业务范围，因此高端商务人士对公司来讲属于非客户。

（6）机票提供商、酒店提供商、旅行社和签证提供商，大都属于 M+A+N 类潜在客户，这类客户积累越多对该公司的经营越有利，对于这类客户，最重要的是在做好分级的基础上进行有效的分类管理。

思考与练习

1. 试对一家钢铁企业的客户进行分类。

（1）一位农村消费者购买钢铁自建住房。

（2）该钢铁集团总公司下属一家汽车制造厂购买该企业的特种产品。

（3）一家房地产开发商购买该企业的产品用来开发商品房。

（4）该钢铁企业在另外一座城市的分销商批发企业的产品。

2. 判断下面说法的正确（√）与错误（×）。

（1）客户关系管理是指销售商与客户之间的关系。（　　）

（2）以客户为中心就是要求企业与所有的客户都建立稳定的关系。（　　）

（3）客户关系管理就是只为企业最大的客户提供服务管理。（　　）

（4）从客户关系管理的角度来讲，当客户要离去时，企业应该直接放弃他们。（　　）

3. 试对最新款苹果手机的潜在客户进行分析和定位。

课题 2　寻找潜在客户

案例引导

屈臣氏是著名的保健品及美容产品、化妆品零售商。经过多年的观察分析，屈臣氏发现要在同质化日益严重的亚洲零售行业竞争中取胜，寻找潜在客户群是非常重要的。通过调研，屈臣氏发现与西方国家女性的消费习惯明显不同，亚洲女性会用更多的时间逛街购物，她们喜欢投入大量的时间去寻找更便宜或是更好的产品，这非常符合屈臣氏性价比较高的产品特点。从对亚洲女性客户的研究观察来看，学生和年轻的职业女性，她们平均在每家店里逗留的时间是 20 分钟，而在欧洲，这类人群的逗留时间只有 5 分钟左右。依据这种差异，屈臣氏最终将亚洲地区的主要目标市场锁定在年龄在 18～35 岁、月收入在 3 500 元人民币以上的时尚女性，从而取得了很好的市场效果。

思考：屈臣氏是通过什么方法寻找潜在客户的？

相关知识

一、寻找潜在客户的方法

发掘潜在客户最通用的方法主要有资料分析法和连锁关系法。此外，还有其他一些方法。

1. 资料分析法

资料分析法是指通过分析各种资料寻找潜在客户的方法。这些资料主要有各种统计类资料、名录类资料、报章类资料等。

（1）统计类资料包括国家相关部门的统计调查报告、行业在报刊或期刊等上面刊登的统计调查资料、行业团体公布的统计调查资料等。

（2）名录类资料包括客户名录（包括现有客户、旧客户、失去的客户）、同学名录、会员名录、协会名录、职员名录、名人录、公司年鉴、企业年鉴等。

（3）报章类资料包括企业专刊（含广告、产业或金融方面的消息、零售消息、迁址消息、晋升或委派消息、建厂消息、企业相关人员个人消息等）、专业性报纸和杂志（含行业动向、行业活动等）。

2. 连锁关系法

企业还可以采用连锁关系法来获得潜在客户的名单。例如，通过访问客户、亲戚、朋友、长辈、校友等或参加各种团体（如社交团体、俱乐部等）来获得潜在的客户名单。

3. 其他方法

（1）地毯式搜索。它是企业在事先约定的范围内挨家挨户地进行访问，以便了解客户并收集客户信息、寻找潜在客户的方法。

（2）广告收集。它是企业利用各种广告媒体来寻找客户的方法。企业通常采用发布广告、发放奖品等方式鼓励客户填报信息并寄送回企业，从而收集客户信息，发现潜在客户。

（3）中心开花。企业可以在某一区域内选择一些有影响力的关键人物，使其成为产品或服务的使用者，利用他（她）的影响力，找到一大批潜在客户。

（4）讨论会。对于技术性强的产品，企业往往邀请客户来参加专题讨论会，从而挖掘潜在客户。

（5）会议寻找。企业还经常通过参加各种相关会议结识客户，从中寻找潜在客户。

（6）电话找寻。不少企业采用电话营销法，通过大范围、高频率电话拜访的方法寻找潜在客户。

（7）函件找寻。企业可以通过直接邮寄函件的方式来寻找潜在客户，这种方法虽然由来已久，但是其成本费用低、容易找准潜在客户，因而不少企业至今仍然沿用。

（8）观察。对于有经验的营销人员，也可以通过观察来寻找潜在客户。

寻找潜在客户是一项艰巨的任务，需要综合运用各种方法和技巧才能取得最终的成功。

二、创建潜在客户名单

为了有效地使用潜在客户信息，企业的客户关系管理人员常常把它们制作成客户名单卡片，并进行分类整理。

1. 制作客户名单卡片

首先要将客户信息制成客户名单卡片（见表 1—2），卡片上一般有姓名、性别、年龄、联系方式、客户信息来源、客户信誉度等基本信息，详细的还可以有职业、收入等其他信息。

表 1—2 客户名单卡片

<table>
<tr><td>客户姓名</td><td></td><td>联系电话</td><td></td><td>性别</td><td></td><td>年龄</td><td></td></tr>
<tr><td colspan="2">QQ号</td><td colspan="2"></td><td>电子邮箱</td><td colspan="3"></td></tr>
<tr><td colspan="2">客户现住址</td><td colspan="6"></td></tr>
<tr><td colspan="8">客户信息来源：
公司业务人员联系 □ 公司上门咨询 □ 拨打公司电话 □ 经客户朋友介绍 □
经其他外界人士介绍 □ 公司客户介绍 □</td></tr>
<tr><td colspan="8">客户信誉度：好 □ 良好 □ 差 □</td></tr>
<tr><td colspan="8">备注：</td></tr>
</table>

2. 分类整理客户名单卡片

将制作好的客户名单卡片依据性别、年龄、地址、客户信息来源、客户信誉度等分别进行整理。

三、划分企业客户

实施客户关系管理时，在众多的客户中，要找到企业真正的潜在客户，需要对客户进行划分。

（1）从客户信息资料中分析出每一类客户的行为特征、交易重点、交易成本以及交易能给企业带来的收益等，这些是企业进行营销决策的重要依据。

（2）从客户信息资料中找出能给企业带来 10%~20% 销售额的客户。他们是企业的潜在客户，是客户关系管理的首要目标。

（3）从客户信息资料中找出占企业销售额 40%~50% 的客户。他们是企业稳定销售的基础，是企业将要重点开发的目标客户。

（4）对于流失客户，要找出客户和企业疏远的原因，施以正确的营销策略，争取让他们回归为企业客户。

（5）对于经过努力仍不会给企业带来利润的客户，企业只需做最低限度的维护。

技能实践

某职业学校营销专业实习小组的同学们接到的第二项任务是：通过相关的调研和分析，运用客户关系管理的基本知识，创建一份该公司的潜在客户名单。

创建潜在客户名单

1. 实践经验介绍

在实习小组开始工作之前，公司客户服务部的李主任向大家介绍了自己收集信息、寻找潜在客户的一些渠道和做法。

（1）公共媒体信息

通过网站、广告、报纸、各种杂志或协会企业名录、国资委监管企业名单、地区百强企业名单、各物业管理公司企业名单以及市场出售的企业名录光盘、国家统计年鉴等，获取企业信息。

（2）政府信息

通过市场监管和税务部门官网、政府部门的信息中心、政府部门内部刊物等，获取企业信息。

（3）经济组织信息

收集城市经济开发区内的企业信息，各行业协会、俱乐部、社会团体的分类企业信息，大型集团企业的分支机构信息等。

（4）合作伙伴

收集供应商与合作者的信息。

（5）老客户推荐

通过老客户的推荐，收集新的客户和供应商名单，并进行跟进。

（6）竞争对手

关注竞争对手发布信息的渠道和市场活动；从竞争对手的代理商及客户上发掘信息；持续跟踪被竞争对手签走的客户信息；了解、掌握、跟进当地市场各行业的高质量客户，随时掌握他们的变化，争取交叉升级。

（7）其他渠道

通过各种社会关系（如同学、同事、亲属、朋友等）收集客户信息。

2. 寻找潜在客户

实习小组的六位同学依据各自的优势，综合运用各种方法来寻找潜在客户。

（1）同学 A 采用了广告收集法、资料分析法。他利用各种媒体查找潜在客户的信息，不仅通过网站、广告、报纸、杂志等获取企业名录，而且查询了各行业协会、俱乐部、社会团体的分类企业信息及大型集团企业的许多分支机构信息，共收集到潜在客户信息 500 多条。

（2）同学 B 通过老同学介绍认识了某国有大型企业的老总，当这位老总了解到该旅游公司的业务后，将企业经常有外地活动业务的 400 多位职员介绍给了他，这是利用中心开花法寻找潜在客户，效率很高。

（3）同学 C、D、E 三人，采用了会议找寻、函件找寻、电话找寻的方式。他们参加了行业沙龙以及相关产品推介会，并随后通过函件、电话等方式，共获得近 1 000 位潜在客户的名单。

（4）同学 F 找到企业的老客户名册，采用连锁关系法让老客户介绍新客户，找到潜在客户 300 多位。

3. 创建潜在客户名单

实习小组共得到了潜在客户 2 200 多位，又在李主任的带领下，开始制作潜在客户名单。

同学们首先把收集来的客户信息制成潜在客户名单卡片（见表 1—3）。然后，分类整理客户名单卡片，将制作好的客户名单卡片依据性别、年龄、地址、客户信息来源、客户信誉度等来初步分类，从而建立了一套完整的客户信息档案。依据这个档案，实习小组对客户进行划分，定位出公司的潜在客户。最后，整理出完整的潜在客户名单。

表 1—3　客户名单卡片

<table>
<tr><td>客户姓名</td><td>张 ×</td><td>联系电话</td><td>13×××××××××</td><td>性别</td><td>男</td><td>年龄</td><td>42</td></tr>
<tr><td colspan="2">QQ号</td><td colspan="2">12345678</td><td>电子邮箱</td><td colspan="3">×××@163.com</td></tr>
<tr><td colspan="2">客户现住址</td><td colspan="6">×× 市 ×× 区 ×× 街 ×× 号</td></tr>
<tr><td colspan="8">客户信息来源：
公司业务人员联系 □　公司上门咨询 □　拨打公司电话 ☑　经客户朋友介绍□
经其他外界人士介绍 □　公司客户介绍 □</td></tr>
<tr><td colspan="8">客户信誉度：好 □　良好 ☑　差 □</td></tr>
<tr><td colspan="8">备注：</td></tr>
</table>

案例聚焦

在《松下幸之助管理日志》中记载着这样一件事：

很久以前，我曾接到一封从北海道札幌市寄来的信件，信件内容大致如下："我是一名眼镜商人，前几天我在杂志上看到了您的照片，因为您所佩戴的眼镜不大适合您的脸型，希望能为您服务，替您装配一副好眼镜。"我认为这位特地从北海道写信给我的人，必定是一名非常热心的商人，于是便寄了一张感谢函给他。后来我将这件事忘得一干二净。不久后我去札幌市演讲，在演讲完之后，我见到了那名寄信给我的商人，他的年纪在 60 岁左右，当时他对我说："您的眼镜跟那时候的差不多，请让我替您重配一副吧。"

我被他的热诚感动了，于是便说："一切就拜托您了，我会戴上您所装配的眼镜的。"我很钦佩那名商人的主动精神和坚定的信念，我参观了他的店铺，发现他在店内穿梭不停，非常忙碌，但他却能在看到杂志后，马上写信给我，并在我来札幌的时候主动找我，使我终于答应了配眼镜，这种主动的精神使我折服，事后我想，做生意是需要像他这样去主动寻找客户的。

思考与练习

1. 说出下面每种方法的用途。

（1）资料分析法。

（2）连锁关系法。

（3）中心开花法。

（4）会议找寻法。

2. 判断下面说法的正确（√）与错误（×）。

（1）从国家相关部门的统计调查报告中没办法找到潜在客户。（　　）

（2）通过参加各种团体活动可以获得潜在客户的名单。（　　）

（3）利用有影响力的人物寻找潜在客户，称为中心开花法。（　　）

（4）通过老客户介绍新客户的方法可以找到潜在客户。（　　）

3. 选用几种寻找潜在客户的方法，找到 10 位购买苹果手机的潜在客户，并创建一份潜在客户名单。

课题3　客户价值分析

案例引导

“红孩子”是一家母婴类产品购物平台，该平台最大的特点是充分利用客户价值进行营销。例如，“红孩子”发现有一位客户的注册资料显示是怀孕初期，当月便发送介绍怀孕初期注意事项的专刊给这位客户。三个月后，“红孩子”又发送介绍怀孕中期注意事项的专刊给这位客户。六个月后，“红孩子”开始发送介绍婴儿护理知识及奶粉等婴幼儿用品的刊物。再后来，“红孩子”陆续发送哺乳期化妆品、家居产品等延伸产品推荐信息。“红孩子”通过充分利用客户价值进行精准营销，取得了很好的效果。

思考：企业进行客户价值分析的作用是什么?

相关知识

一、客户价值的概念

客户价值是指客户对企业的利润贡献。一般来说，老客户的客户价值比新客户的客户价值大，因为老客户对企业的利润贡献要大。

二、客户价值的构成

企业依据客户已经和将要给企业带来的价值，对客户价值从以下四个方面来衡量。

1. 客户的历史价值

客户的历史价值是指企业到目前为止已经实现的客户价值，即客户已经为企业做出的贡献。

2. 客户的现实价值

客户的现实价值是指如果客户当前的购买行为模式保持不变的话，将来会给企业带来的收益。

3. 客户的潜在价值

客户的潜在价值是指如果企业通过有效的交叉销售充分调动起客户的购买积极性，或促使客户向别人推荐产品和服务等，从而可能增加的客户价值。

4. 客户的终身价值

客户的终身价值是指客户在未来可能为企业带来的收益总和。

三、客户价值的区别

不同的客户对企业的价值是不一样的，建立客户关系之前，企业一定要对客户的价值进行区分。按照客户对企业的价值大小，可以将客户分为四种。

1. 价值最大的客户——关键客户

任何一家企业都有对自己贡献最大的客户，是企业的 VIP 客户，这类客户的数量不多，占客户总数的比例也较小，但是他们的购买力强，在销售额中占的比例最大，对企业贡献的价值也最大。

2. 能够为企业提供较高利润的主要客户——发展客户

这类客户给企业带来的利润仅次于关键客户，他们在消费额中所占的比例较大，能够为企业提供较高的利润。

3. 消费一般的普通客户——维持客户

这类客户在企业客户的总数中占有较高比例，消费额占企业销售额的比例一般，能够为企业带来一定的利润。

4. 数量最大但价值最小的客户——机会客户

这类客户是企业产品最广泛的消费者，他们离不开企业的产品，但消费额最小，如果企业经营稍有不善，他们会最早放弃购买企业的产品。

四、分析客户终身价值

客户的终身价值是企业决定如何定位企业与客户关系的重要依据，企业非常注重客户的终身价值。计算客户的终身价值有以下两种方法。

1. 利用公式计算

衡量客户价值的基本公式是：

客户终身价值 =（客户取得成本 + 客户保有成本）-（客户利益 ÷ 营业收入）

影响参数主要有：

（1）客户取得成本

客户取得成本等于“一家企业花在广告与营销上的总成本”除以“通过这样的花费所取得的新客户人数”。

（2）客户保有成本

一旦客户进行了第一次购买，企业就必须投入金钱和精力来保持和拥有这个客户，这种投入称为客户保有成本。

（3）客户利益

客户利益是客户的有形利益和无形利益的总和。企业从与客户交易中所得到的利益可能是有形的，也可能是无形的。有形的利益是因为将产品与服务销售给客户所产生的，也就是实际销售的金钱价值。无形的利益包括在实际交易之外、与客户互动所带来的好处。例如，客户针对产品与服务提出响应（企业可以运用这些响应来改善其产品与服务）、客户将产品与服务推荐给亲朋好友等，这些好处在短时间内是难以直接量化衡量的。

（4）营业收入

营业收入是企业向客户销售产品所获得的收入。

2. 通过客户投资与利润分析计算

企业可以直接基于交易成本或资金投入进行计算，或者根据过去类似客户的行为模式，利用成熟的统计技术预测客户将来的利润。国外的汽车业早已进入了“潜在客户终身价值”的管理营销时代，他们计算客户终身价值的具体方法是：

把每位上门客户一生可能购买的汽车数乘以汽车的平均售价，再加上客户可能需要的换件和维修服务费用。如果更精确地计算，还需要加上购车贷款带给公司的利息收入。例如，福特汽车公司通过这样的计算得出：一个忠诚客户终身可以为公司带来 40 万美元的收入；北欧航空公司通过计算发现，每位商务旅行者 20 年的价值是 48 万美元；凯迪拉克公司计算出每位客户 30 年的价值是 33.2 万美元；里茨酒店计算出每位客户 20 年的价值是 14.4 万美元；AT&T 公司计算出每位客户 30 年的价值是 7.2 万美元；可口可乐公司计算出每位客户 50 年的价值是 1.1 万美元。

经过分析，企业不仅可以看出如何在客户终身价值中赢得最大的利润，还可以根据这些数据将客户分成具有不同特征、不同行为模式和不同需求的组，根据每个组制定相应的管理措施。

技能实践

实习小组的同学们接到的第三项任务是：在前期收集潜在客户资料的基础上，运用客户关系管理中客户价值的基本知识，对客户进行筛选，并分析不同客户的价值。

客户划分

实习小组对该公司的客户进行了一次划分，企业现有客户 30 000 多人，将占消费额前 1% 的客户挑选出来，大约有 300 人，他们是企业的关键客户，企业应把他们列为 VIP 客户。

将企业现有客户中占消费额前 5% 的客户挑选出来，大约有 1 500 人，减掉关键客户的 300 人，剩余的 1 200 人是企业的发展客户，企业应把他们列为能提供较高利润的主要客户。

将企业现有客户中占消费额前 20% 的客户挑选出来，大约有 6 000 人，减掉关键客户和大客户，余下的 4 500 人属于维持客户，企业应把他们列为消费一般的普通客户。

剩下 24 000 位左右的客户，是企业的机会客户，他们数量最大，但价值最小。他们离不开企业的产品，但如果企业经营稍有不善，他们会最早放弃购买企业产品。

案例聚焦

如何跟进有价值的客户

老张是一名优秀的销售员，他管理客户有一套自己的方法，具体如下。

1. 整理客户资料，清晰分类客户

最广泛、最实用的分类方法是按客户的意向划分，一般分为潜在客户、意向客户和成交客户三大类，当然按个人习惯，也可以分为 A 级、B 级、C 级等，但要注意的是，如果按 A 级、B 级、C 级来划分客户，必须要有明确的、可量化的标准来判断客户属于哪个级别。如果有必要，对不同类型的客户，可采用不同的笔记本来记录。

2. 制定跟进规则

（1）规定每天要积累的客户数量，制定评价客户质量的标准，定下第一次联系要说些什么和弄清客户的哪些情况，规定对潜在客户、意向客户、成交客户要保持联系的频率。

（2）规定联系客户的具体内容，包括要记录的信息，需要投入的时间成本，联系的目的和内容，以及需要重点跟进的事项等。

3. 及时、客观地记录跟进过程

准备两个记事本，一本用来记录联系客户时客户的具体反映，另一本用来记录平时工作的零碎信息。对客户有效信息的捕捉和累积可以帮助自己从中找到规律，而对客户需求和沟通的记录可以找到销售的突破口，也为自己以后的工作计划安排提供依据。

4. 总结客户跟进情况

除了记录，定时总结客户跟进情况也是客户资源整理很重要的一环。每天应留出时间来对零碎的工作进行归纳总结，这样才能把有用的即时信息变成真正的资源。

定期浏览客户跟进记录可以帮助你发现意向客户，而不是让它永远停留在潜在客户中。对已成交客户须注明签单金额、到期服务时间及客户潜在需求等，以维护好客户关系，争取能产生二次销售或者客户介绍客户的效果。

思考与练习

1. 分析下面不同类型客户的价值大小。

（1）客户的需要与企业的优势相互合拍。

（2）需要用较长时间开发的客户。

（3）企业一方面要继续维持和他们的关系，另一方面要逐步将重点转向关键客户和发展客户。

（4）企业的小客户。

2. 判断下面说法的正确（√）与错误（×）。

（1）一般来讲，客户的价值与其购买金额成正比。（　　）

（2）机会客户占企业总客户数目的比例较大，所以他们对企业的贡献最大。（　　）

（3）所有的客户都能为企业带来较大的利润。（　　）

（4）客户关系管理应注重客户的价值。（　　）

3. 帮助居住地旁边的小店做一个客户划分。

模块二　客户关系定位

学习目标

- 了解客户信息的内容及对企业的重要意义
- 了解客户信息分析的目的、内容
- 掌握客户信息分析的工具——数据库
- 掌握客户细分的方法
- 能够建立客户档案
- 能够对客户的信息进行分析

课题 1　客户信息档案管理

案例引导

成都某酒厂的客户关系管理经理对该厂的客户信息档案管理工作总结如下：

建立客户信息档案，很多企业认为是一件很普通的事，就是记录一下客户的联系方式、联系人和地址。其实不是这样，客户信息档案管理也需要数据化、精细化和系统化，这样的档案才对营销工作具有指导性。对于客户信息档案管理工作，我厂坚持动态管理、重点管理、灵活运用和专人负责四个原则。

1. 动态管理

动态管理就是把客户信息档案在已有资料的基础上进行随时更新，而不是建立在一个静态档案上。市场在变，客户也在变，我们定期会开展客户信息档案全面修订核查工作，对成长快或丢失的客户分析原因后，另作观察。修订后的客户信息档案，分门别类地整理为重要客户、特殊客户、一般客户三个级别。这样周而复始地形成一种档案管理的良性循环，就能及时了解客户的动态变化，为客户提供有效服务。

2. 重点管理

对于客户信息档案，我们采取抓两头、放中间的管理办法，也就是关注大客户和最差客户，这样有利于企业产生最大化利润并降低企业风险。首先，对重要客户的档案管理，不能停留在一些简单的数据记录和单一的信息渠道来源上，坚持多方面、多层次地了解大客户的情况。同时注意对大客户的亲情化管理，如节假日的问候、新产品上市或销量上升的祝贺等，让客户知道我们一直在关注他。其次，对风险性大的客户，如经营状况差、欠账、信誉度下降、面临破产改制等的客户，要随时了解其经营动态，做好记录，确保客户信息档案的准确性、时效性，并不定期地进行访问调查，不定时地向业务员提醒客户的当前状况，把风险控制在最大限度内。

3. 灵活运用

建立好的客户信息档案，不能束之高阁，应加以灵活运用。一个准确、完备、客观的客户信息档案，对企业领导来说就像一双眼睛，能随时随地、一目了然地了解客户，大大减少了企业领导工作的盲目性，提高了办事效率，增强了企业的竞争力。另外，客户信息档案记录了客户的需求和产品偏好，给营销人员的分析判断也起到了一个很好的参考作用，使营销人员能最大限度地努力工作，通过各种渠道来满足客户的要求。

4. 专人负责

客户是企业的命脉，客户信息档案的泄密，势必影响企业的发展。我们要求客户信息档案管理人员的忠诚度要高，在企业工作的时间较长，有一定的调查分析能力，由符合条件的专人负责管理。

信息社会，企业在注意市场开拓和客户开发的同时，必须要注意新老客户信息档案的管理工作。客户的经营情况直接影响企业的经营成果，为此，我们一直很重视客户信息档案的管理工作，努力做好服务，让客户满意，以保证经营目标的实现。

思考：企业为什么要做好客户信息档案的管理工作？

相关知识

一、客户信息对企业的重要意义

客户信息是企业的宝贵财富，是企业经营的重要资源，是企业有效策划和开展营销活动的基础，它对企业有着非常重要的意义。

1. 客户信息是企业决策的基础

正确的决策必须建立在对客户信息充分了解的基础之上。如果企业对客户的信息掌握不够全面和准确，判断就会有失误，决策就会有偏差，就不能够制定出正确的经营战略和策略。企业必须像了解自己的产品和服务一样了解客户，及时掌握客户的信息变化，才能够做出正确的决策。

2. 客户信息是客户细分的基础

企业只有在了解客户信息的基础上，才能够区分出优质客户，并识别客户价值的大小，从而进行分级、分类的客户管理。

3. 客户信息是客户沟通的基础

企业掌握详尽的客户信息，就可以针对每一个客户的不同特点，开展有针对性的营销活动，并提供“因人而异”的服务。例如，中原油田销售公司由于建立了客户数据库，加油站的工作人员就可以每天从计算机中调出当天过生日的客户，向其赠送小礼物，从而加深加油站和客户之间的情感交流。这种有效的沟通，使企业的营销成本下降。

4. 客户信息是客户服务的基础

企业的经营就是要满足现有客户和潜在客户的需求、期待和偏好，企业掌握客户的需求特征、交易习惯、行为偏好和经营状况等信息，就可以利用这些信息为客户提供个性化的产品和服务，满足客户的特殊需要，从而提高客户的满意度，这对于维护良好的客户关系、实现客户忠诚，将起到十分重要的作用。

二、客户信息的内容

1. 个人客户的信息

个人客户的信息一般包括以下几方面内容。

（1）基本信息：包括姓名、手机号码、电子邮箱、家庭地址、工作单位、出生日期、身份证号码、社交工具号码等。

（2）消费情况：包括消费金额、消费频率、每次消费规模、消费档次、消费偏好、购买渠道和购买方式偏好、消费高峰时点、消费低峰时点、最近一次消费时间等。

（3）事业情况：包括就业情况、单位性质、职务、年收入、个人目标和成就等。

（4）家庭情况：包括婚姻状态、对子女教育的看法、配偶及子女情况等。

（5）生活情况：包括过去的医疗病史、目前的健康状况、喜爱的运动、喜欢的话题、喜爱的媒体、个人生活的近期和远期目标等。

(6) 教育情况：包括高中、大学、研究生学习的起止时间及其他培训情况等。

2. 企业客户的信息

（1）基本信息：包括客户名称、客户性质、客户来源、客户类别、所属区域、通信地址、网址、电子邮箱、邮政编码等。

（2）交易情况：包括交易次数、交易金额、交易周期、首次交易及最近交易等。

（3）企业经营情况：包括行业地位、从业时间、员工数量、企业规模等。

（4）信用情况：包括结算方式、信用状况、交易金额等。

三、建立客户信息档案的要求

建立高质量的客户信息档案是客户关系管理成功实施的支柱，是做好客户服务工作的基础。

1. 内容要求

客户信息档案应具备“三性”：完整性、准确性和新鲜性。完整性是指对客户信息的采集必须全面、周到，不能有遗漏；准确性是指每个客户的资料是绝对正确的，不能出现错误信息；新鲜性是指客户信息有变动情况时，要及时、准确地进行更改，以便更好地管理客户，及时清理和整理客户的信息。

2. 形式要求

客户信息档案的形式主要有卡式和电子表格式两种形式。

（1）卡式

卡式客户信息档案即客户信息档案卡，例样如下：

客户信息档案卡

日期__________填表人__________

客户基本信息

1. 姓名__________昵称（小名）__________

2. 职位（或职称）__________

3. 公司名称及地址__________

4. 电话号码（固话）__________手机号码__________

5. 出生日期__________出生地点__________籍贯__________

6. 身高__________体重__________

教育背景

7. 高中名称_________大学名称_________毕业日期_________学位_________

8. 是否有其他教育背景__________

家庭情况

9. 婚姻状况__________配偶姓名__________

10. 配偶教育程度__________

11. 配偶兴趣／活动／社团__________

12. 结婚纪念日__________

13. 子女姓名、年龄__________是否有抚养权__________

14. 子女教育程度__________

15. 子女喜好__________

业务背景资料

16. 在目前公司的职位__________任职日期__________

17. 参与的职业及贸易团体所任职位__________

18. 客户与本公司其他人员有何业务上的关系__________

19. 关系是否良好__________原因__________

20. 客户对自己公司的态度__________

21. 客户的长期事业目标__________

特殊兴趣

22. 是否热衷社区活动__________如何参与__________

23. 宗教信仰__________是否热衷__________

24. 对客户特别机密且不宜谈论的事件（如离婚等）__________

25. 客户对什么主题特别感兴趣（除生意之外）__________

生活方式

26. 目前健康状况__________

27. 饮酒习惯__________所饮酒类与分量__________

28. 如果不饮酒，是否反对别人饮酒__________

29. 是否吸烟__________

30. 如果不吸烟，是否反对别人吸烟__________

31. 最偏好的午餐地点__________最偏好的晚餐地点__________

32. 最偏好的菜式__________

33. 是否反对别人请客__________

34. 嗜好与娱乐__________喜欢读什么书__________

35. 喜欢引起什么人注意__________

36. 喜欢被人如何重视__________

37. 你会用什么词来形容客户__________

38. 客户自认最得意的成就__________

客户信息档案卡中对个人客户的所有信息都进行了较为详细的描述，为业务员的营销活动提供了很好的参考依据。

（2）电子表格式

客户信息档案常采用电子表格的形式，个人客户信息可以采用表 2—1 的形式，企业客户信息可以采用表 2—2 的形式。

表 2—1 个人客户信息

个人客户档案资料				编号：	
姓名		性别		出生日期	
籍贯		民族		手机号码	
出生地		学历		所学专业	
毕业学校				毕业时间	
爱好				电子邮箱	
信仰				喜欢的颜色	
喜欢的书籍				崇敬的名人	
家庭地址				家庭电话	
家庭成员					
姓名	关系	出生日期	单位	职务	电话
个人简历：					

表 2—2 企业客户信息

企业客户档案资料					编号：		
单位名称					单位电话		
单位地址					单位传真		
单位网址					单位性质		
注册时间					注册资金		
所属行业					员工人数		
单位宗旨							
企业文化							
所获荣誉							
经营项目							
经营范围							
经营产品							
公司主要成员情况							
姓名	性别	职务	出生日期	电话	传真	手机	电子邮箱

续表

公司曾参加过的活动				
时间	名称	参加人员	评价	备注
公司简介:				

四、客户信息档案的管理要求

1. 关注潜在客户

建立客户信息档案时，工作的重点不仅应放在现有客户上，而且还应更多地关注未来客户或潜在客户，为企业选择新客户、开拓新市场提供可用信息。

2. 及时调整信息

建立客户信息档案后，管理人员需要根据客户情况的变化，不断地加以调整，清除陈旧资料，及时补充新资料，不断地对客户的变化进行跟踪记录，保证客户信息档案是最新且完整的信息。

3. 用重于管

对于客户信息档案，应树立“用重于管”的思想。已建立的客户信息档案，要提高档案的质量和使用效率，不能将客户信息档案束之高阁，应以灵活的方式，及时全面地提供给销售人员或相关人员使用，发挥其应有的作用。

技能实践

为了学习和掌握客户信息系统的相关知识，某职业学校将营销专业三年级一班实习小组的六位同学派往 A 公司客户服务部顶岗实习，服务部经理布置给他们的第一项任务是：获取客户信息、建立客户信息档案。

建立客户信息档案

目前，企业对于客户信息档案都采用电子表格形式进行记录。

1. 获取客户信息

实习小组的同学利用公司客户关系管理平台获取了客户信息。

2. 整理个人客户基本资料

主要包括客户基本信息、教育背景、家庭情况、业务背景资料、特殊兴趣、生活方式等方面的资料。

3. 整理企业客户基本资料

主要包括基础资料、客户特征、业务状况、交易现状四个方面的内容。

4. 填写客户资料卡

根据整理好的客户基本资料，填写客户电子信息档案（见表 2—3）。

表 2—3 客户电子信息档案（企业客户）

档案编号: 建档日期: 年 月 日

<table>
<tr><td rowspan="5">客户基本资料</td><td>客户名称</td><td colspan="7"></td></tr>
<tr><td>客户地址</td><td colspan="5"></td><td>邮编</td><td></td></tr>
<tr><td>客户电话</td><td></td><td colspan="2">传真</td><td colspan="2"></td><td>电子邮箱</td><td></td></tr>
<tr><td>成立日期</td><td></td><td colspan="2">注册资金</td><td colspan="2"></td><td>主要股东</td><td></td></tr>
<tr><td>开户行</td><td colspan="5"></td><td>账号</td><td></td></tr>
<tr><td rowspan="6">客户负责人及联系人资料</td><td rowspan="2">公司法人</td><td>姓名</td><td></td><td colspan="2">职位</td><td></td><td>教育经历</td><td></td></tr>
<tr><td>出生日期</td><td></td><td colspan="2">兴趣爱好</td><td></td><td>家庭情况</td><td></td></tr>
<tr><td rowspan="2">公司主要负责人</td><td>姓名</td><td></td><td colspan="2">职位</td><td></td><td>教育经历</td><td></td></tr>
<tr><td>出生日期</td><td></td><td colspan="2">兴趣爱好</td><td></td><td>家庭情况</td><td></td></tr>
<tr><td rowspan="2">主要联系人</td><td>姓名</td><td></td><td colspan="2">职位</td><td></td><td>教育经历</td><td></td></tr>
<tr><td>出生日期</td><td></td><td colspan="2">兴趣爱好</td><td></td><td>家庭情况</td><td></td></tr>
<tr><td rowspan="5">客户经营资料</td><td>公司规模</td><td>职工人数</td><td></td><td colspan="2">中方人数</td><td></td><td>外方人数</td><td></td></tr>
<tr><td>公司性质</td><td colspan="7">□ 上市公司 □ 私人有限公司 □ 中外合资
□ 外商独资 □ 国营</td></tr>
<tr><td>公司在同业地位</td><td colspan="7">□ 领导者 □ 有影响力 □ 中等 □ 小型 □ 其他</td></tr>
<tr><td>公司业务</td><td colspan="2">主营业务</td><td colspan="2"></td><td>附加业务</td><td colspan="2"></td></tr>
<tr><td>销售业绩</td><td colspan="2">公司近 3 年销售业绩</td><td colspan="5"></td></tr>
<tr><td colspan="9">同本公司的交易情况</td></tr>
<tr><td>编号</td><td>交易时间</td><td>交易地点</td><td>交易金额</td><td colspan="2">交易负责人</td><td>是否有违约情况</td><td colspan="2">备注</td></tr>
<tr><td></td><td></td><td></td><td></td><td colspan="2"></td><td></td><td colspan="2"></td></tr>
<tr><td></td><td></td><td></td><td></td><td colspan="2"></td><td></td><td colspan="2"></td></tr>
</table>

续表

该客户当前信用等级	
备注	

5. 实行登记编号制

对客户资料进行编号登记，这样做的目的是便于客户档案卡的保管和查阅。

实习小组将新的客户信息加入公司的电子信息平台，充实了公司的客户信息资料库。

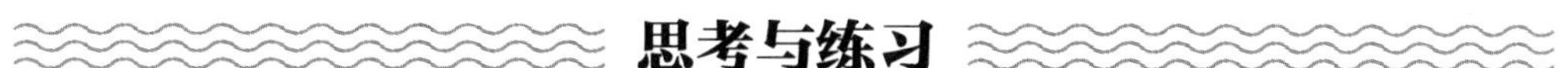

思考与练习

1. 按照下面要点总结建立和维护客户信息档案的意义。

（1）有针对性地为客户提供个性化的产品和服务。

（2）完备的客户信息档案。

（3）每个客户的资料是绝对正确的。

（4）即使是已经中断交易的客户，也不放弃其客户信息档案。

2. 判断下面说法的正确（√）与错误（×）。

（1）掌握客户的变化信息，才能够做出正确的决策。（　　）

（2）企业只有掌握了客户的详细信息，才能够区分出哪些是优质客户。（　　）

（3）客户档案“用重于管”。（　　）

3. 请帮居住地旁边的小店建立一个客户信息档案。

课题2　客户信息分析

案例引导

以色列一直以强大的科技创新能力闻名于世。在大数据产业兴起以后，以色列诸多科技创新公司迅速挖掘数据库运用潜力，并将之融入企业运作的各个环节，为以色列在科技创新领域不断取得突破增添了新的动力源。

以色列知名手机软件服务公司 Mobitech 总经理表示，在经济全球化浪潮的推动下，以前常被忽略的大数据资源如今备受以色列科技创新公司青睐，因为随着全球化趋势的迅速发展，大部分企业选择面向全球客户进行营销，这时数据的收集和分析就显得尤为重要。数据库强大的数据信息支持可以帮助企业找到并选出更契合的商业伙伴。同时，大数据分析还可以帮助企业为客户提供更好的个性化服务。作为一家面向数百万客户的手机软件服务公司，Mobitech 公司始终坚持利用数据库收集用户对产品的偏好、要求等有效数据，进行综合分析，并在此基础上针对不同的目标客户群体制定个性化的解决方案，让用户获得更完美的体验。

思考：企业如何进行客户信息分析?

相关知识

一、客户信息分析的目的

收集了客户的信息后，就必须对其进行分析，这是客户信息管理工作的核心内容。

分析客户信息的主要目的有三个:

（1）通过对客户信息的分析，寻找其共同点，帮助企业准确把握客户需求，找准发展方向。

（2）通过对客户信息的分析，深层次地理解、认识客户，对客户进行细分，为下一步进行市场细分打好基础。

（3）通过对客户信息的分析，可以找到更多有价值的客户信息，通过剖析和挖掘利用，将有价值的信息转变成企业现实的利润来源。

二、客户信息分析的内容

1. 客户构成分析

客户构成分析是指从不同的角度分析企业的客户构成状态。进行客户构成分析能使营销人员及时了解每个客户在交易总量中所占的比例，以及客户的分布情况，从中发现客户服务存在的问题，针对不同的客户采取不同的沟通策略。

企业常将客户统计表（见表 2—4）、客户地址分类表（见表 2—5）、客户交易记录表（见表 2—6）等表格作为统计工具，对客户构成进行分析。

表 2—4　　客户统计表

产品	城市	客户数	销售额	比率（%）	平均年销售额	销售额位居前三名的客户名称及销售额					
						客户名称	销售额	客户名称	销售额	客户名称	销售额

续表

产品	城市	客户数	销售额	比率（%）	平均年销售额	销售额位居前三名的客户名称及销售额					
						客户名称	销售额	客户名称	销售额	客户名称	销售额

表 2—5　客户地址分类表

项次	客户名称	地址	经营类别	不宜访问时间	备注
访问路线图	1. 2. 3. 4. 5.				

表 2—6　客户交易记录表

年度	订购日期	出货日期	批号	产品名称	数量	金额	备注

2. 客户经营情况分析

客户经营情况分析是对客户的重要财务数据进行的分析。通过客户经营情况分析，可以了解客户的资本状况和盈利能力，从而了解和分析客户在过去、现在和未来的经营情况。

（1）分析企业偿债能力的大小

企业偿债能力的大小是衡量企业财务状况好坏的标志之一，是判断企业运转是否正常的重要指标。

反映企业偿债能力的指标主要有流动比率和速动比率。流动比率以 2：1 较为理想，不可低于 1：1。速动比率是反映企业流动资产项目中容易变现的速动资产与流动负债比例关系的指标。这个指标越大，表示企业的偿债能力越强，速动比率一般以 1：1 为理想，不可低于 0.5：1。

（2）分析企业的安定力

安定力是测试企业的经营基础是否稳固、财务结构是否合理、偿债能力是否具备的指标。一个企业，如果没有足够的偿债能力，那么即使获利能力再强，也是很危险的。

安定力分析包括短期偿债能力分析和长期偿债能力分析。一般用于衡量短期偿债能力大小的指标是流动比率、速动比率和营运资金三项指标。流动比率和速动比率越高，企业短期偿债能力越强。营运资金是流动资产减去流动负债后的差额，差额越大代表企业的周转能力越强。长期偿债能力一般通过股东权益对负债比率来衡量，该比率越大，说明企业负债越少，债权的利益越有保障；反之，则显示企业负债过多。

3. 客户信用分析

（1）客户信用调查表

客户信用分析是对客户在交易中的信用状况进行分析，通常采用客户信用调查表（见表 2—7）来进行记录和分析。

表 2—7　　客户信用调查表

<table>
<tr><td colspan="2">公司名称</td><td></td><td>地址</td><td></td><td>电话号码</td><td></td></tr>
<tr><td colspan="2">负责人</td><td></td><td>住所</td><td></td><td>电子邮箱</td><td></td></tr>
<tr><td colspan="2">创业日期</td><td>年　月　日</td><td>营业项目</td><td colspan="3"></td></tr>
<tr><td colspan="2">开始交易日期</td><td>年　月　日</td><td>营业区域</td><td colspan="3"></td></tr>
<tr><td colspan="2">经营方式</td><td colspan="2"></td><td colspan="3">独资（　）合伙（　）公司（　）</td></tr>
<tr><td colspan="2">经营地点</td><td colspan="2"></td><td colspan="3">市场（　）住宅（　）郊外（　）</td></tr>
<tr><td rowspan="3">负责人</td><td>性格</td><td colspan="2">温柔（　）开朗（　）
古怪（　）自大（　）</td><td>气质</td><td colspan="2">稳重（　）寡言（　）
急躁（　）健谈（　）</td></tr>
<tr><td>兴趣</td><td colspan="2"></td><td>荣誉</td><td colspan="2"></td></tr>
<tr><td>学历</td><td colspan="2">大学（　）高中（　）
初中（　）小学（　）</td><td>出生地</td><td colspan="2"></td></tr>
</table>

续表

负责人	经历		说话要领	
	思想	稳健派（　）保守派（　） 革新派（　）	嗜好	酒：饮（　）不饮（　） 烟：吸（　）不吸（　）
	长处		爱好	
	短处		技术	熟练（　）不很熟练（　） 不熟练（　）
	银行账号		银行信用	很好（　）好（　） 普通（　）差（　） 很差（　）

（2）信用分析“5C”标准

“5C”标准是美国银行家爱德华于 1943 年提出的。他认为企业信用的基本形式由品格（Character）、能力（Capacity）、资本（Capital）、担保品（Collateral）和环境状况（Conditions）构成。由于这五个英文单词都以 C 打头，故称“5C”。

品格是指企业和管理者在经营活动中的行为和作风，是企业形象最为本质的反映。能力是仅次于品格的要素，包括经营者能力（如管理、资本运营和信用高度等）和企业能力（如运营、获利、偿债等）。资本主要是考察企业的财务状况，一个企业的财务状况基本反映出该企业的信用特征，若企业资本源有限，或资本结构比例失调，大量依赖他人的资本，则会直接危及企业的健康发展。担保品是企业健康发展的保障，许多信用交易都是在有担保品作为信用保证的情况下顺利完成的。环境状况又称经济要素，大到政治、经济、环境、市场变化、季节更替等因素，小到行业趋势、工作方法、市场竞争等因素，诸如此类可能影响到企业经营活动的因素都归结为环境状况。

三、客户信息分析的工具——数据库

1. 运用数据库深入分析客户消费行为

在现代信息技术条件下，许多企业运用数据库来管理客户的信息，并运用数据库深入分析客户的消费行为。企业一般通过了解和分析客户数据库中的几个重要指标，来研究客户的消费行为。

（1）最近一次消费

最近一次消费是指客户上一次购买的时间，它是维系客户的一个重要指标。一般来说，最近一次消费时间越近的客户越是理想客户，吸引一位几个月前购买本企业产品或服务的客户，比吸引一位几年前有过购买行为的客户要容易得多。如果客户最近一次消费的时间距离现在很远，说明客户有可能已经流失。如果最近一次消费时间距离现在很近的客户人数在增加，则表示企业发展稳健；反之，则表明企业的业绩可能在下滑。

（2）消费频率

消费频率是指客户在限定时间内购买企业产品或服务的次数。一般来说，最频繁购买的客户，可能是满意度和忠诚度最高的客户，也是最有价值的客户。

（3）消费金额

消费金额是客户购买本企业产品或服务所支付的金额。通过比较客户在一定期限内购买本企业产品或服务的消费金额，可以知道客户购买态度的变化。如果消费金额下降，企业则要予以足够的重视。

（4）每次的平均消费额

客户每次的平均消费额可以体现客户的类型，从而帮助企业认清目前客户的规模以及市场是否足够大。

将以上四个指标综合起来分析，可以判断客户下一次交易的时间距离现在还有多久，可以计算出在一段时间内客户为企业创造的利润，从而帮助企业明确最有价值的客户。当发现客户最近一次消费时间距离现在很远，消费频率和消费金额也出现明显萎缩时，说明这些客户很可能即将流失或已经流失，从而促使企业采取合适的应对措施。

2. 运用数据库对客户进行个性化营销

通过对数据库中客户的潜在需求、模式、机会等进行分析，可以了解客户的个性化需求，便于开展对客户的“一对一”式营销，使客户享受到更为贴心和周到的服务，同时有效地避免“促销战”和“价格战”。例如，蒙牛牛奶进入上海市场时，找到了麦德龙公司，该公司利用其强大的客户数据资源，精心挑选出5 000户家庭进行重点促销，这让蒙牛牛奶在仅仅投入数千盒样品的成本下，就顺利地打开了上海市场。

3. 运用数据库实现客户服务与管理的自动化

通过对客户历史交易行为的监控、分析，向客户提供个性化的优惠服务，还可以发现购买某类商品客户的特征，自动向具有类似特征的客户推销该类商品。例如，客户在京东网上书店购买图书时，它的销售系统会自动记录书目，生成有关客户偏好的信息。当客户再次进入书店时，销售系统会识别其身份，并依据其爱好来推荐书目，巧妙地提醒客户去浏览可能会引发其兴趣的其他书籍。

4. 运用数据库实现对客户的动态管理

利用数据库对客户的长期跟踪，可以不断补充客户的新资料，保持客户管理的动态性，同时还可以及时发现客户的问题及交易风险，避免掉进交易陷阱。例如，企业可以在客户资信方面给不同客户设定不同的授信额度，当客户欠款超出授信额度时自动发出警告，据此及时对客户的财务状况进行调查分析，及时回款，以避免出现真正的风险。

技能实践

实习小组来到 A 公司的第二项任务就是学习掌握客户信息分析的工具——数据库，通过分析客户信息资料，进一步了解客户的情况。

分析客户信息

实习小组根据学习掌握的客户信息分析方法，对公司客户的构成、客户的经营情况及个人信用进行了详细分析。

1. 分析客户构成

实习小组对公司 CRM 系统中的三张客户构成表（见表 2—8～表 2—10）进行了分析。

从表 2—8 中可以看出，公司的客户构成集中在北京、上海、广州三地，公司最大的客户在上海，该客户销售额最大，带来的利润最大；平均每家年销售额最高的城市是深圳，但是它的客户数量比北京、上海、广州都要少。不同地区前三名客户的构成中，深圳前三名客户的销售额高于广州。分析这张表可以发现，深圳是一个具有开发潜力的地区。北京和广州相比，虽然北京的销售额高于广州，但它的平均每家年销售额低于广州，从开发潜力来讲不如广州。通过对这张客户构成表进行分析，可以为公司制定下一步的营销战略提供重要的数据资源。

表2—8　　客户统计表　　单位：万元

<table>
<tr><th rowspan="2">产品</th><th rowspan="2">城市</th><th rowspan="2">客户数</th><th rowspan="2">销售额</th><th rowspan="2">比率（%）</th><th rowspan="2">平均每家年销售额</th><th colspan="6">前三名客户名称及销售额</th></tr>
<tr><th>客户名</th><th>销售额</th><th>客户名</th><th>销售额</th><th>客户名</th><th>销售额</th></tr>
<tr><td>A</td><td>北京</td><td>52</td><td>1 024</td><td>16.9</td><td>19.7</td><td>金星</td><td>358</td><td>豪越</td><td>325</td><td>新鑫</td><td>290</td></tr>
<tr><td>A</td><td>上海</td><td>89</td><td>2 680</td><td>44.1</td><td>30.1</td><td>沪海</td><td>536</td><td>上器</td><td>519</td><td>久星</td><td>412</td></tr>
<tr><td>A</td><td>广州</td><td>25</td><td>760</td><td>30.4</td><td>30.4</td><td>粤海</td><td>135</td><td>南新</td><td>118</td><td>新粤</td><td>86</td></tr>
<tr><td>A</td><td>深圳</td><td>20</td><td>650</td><td>10.8</td><td>32.5</td><td>港深</td><td>152</td><td>深通</td><td>121</td><td>南方</td><td>89</td></tr>
<tr><td>A</td><td>其他</td><td>62</td><td>960</td><td>15.8</td><td>15.4</td><td>宇电</td><td>86</td><td>佳明</td><td>69</td><td>捷通</td><td>54</td></tr>
</table>

表2—9是一张客户地址分类表，从表中可以看出，这家公司产品的客户基本都在上海本地，分布较为分散。同时，这张表也为营销人员制订客户访问计划提供了依据。根据此表，营销人员会避开周五到浦东新区的企业去拜访，周二不到普陀区的企业去拜访，周一不拜访黄浦区和虹口区的企业。从提高效率的角度来讲，可以选择周三和周四拜访这几家企业，而且选择周四去可能效率更高，因为营销人员可以事先与客户沟通，让客户在周三有一个小范围的货品清理，这样周四去就可能获得更多的有效数据。访问的路线也可以根据表中的地址合理设计，依据离公司的远近，由近到远地依次拜访，避免走回头路。

表2—9　　客户地址分类表

项次	客户名称	地址	经营类别	不宜访问时间	备注
1	上海晨源办公	上海黄浦区复兴东路1350号	文化用品	周一	
2	上海好学文具	上海浦东新区上南路952号	文化用品	周五下午	
3	上海佳佳文化用品	上海普陀区真南路99号	文化用品	周二	
4	上海欣悦文具	上海浦东新区崂山路1801号	文化用品	周五	
5	上海尚文办公	上海虹口区大连路2685号	文化用品	周一	

表2—10是某家电商场与公司半年的交易记录表，分析此表，可以从中发现

几个重要的信息：（1）客户订购产品的时间多在每月的中旬；（2）客户要求的出货日期一般时间很紧，只有三天；（3）客户需要的产品比较单一；（4）每年的新年刚过，是客户订购产品的一个旺季；（5）产品的价格基本比较稳定，但也根据进货数量和产品季节销售情况有小幅的上下波动。营销人员可以根据这张表及时提醒客户进货，在客户下订单后及时监督跟进，保证按时供货。

表 2—10 客户交易记录表

年度	订购日期	出货日期	批号	产品名称	数量	金额（万元）	备注
2018	2.15	2.18	A3618	电源开关	3 000	4.95	
2018	3.15	3.18	A3618	电源开关	1 500	2.55	
2018	4.13	4.16	A3618	电源开关	1 500	2.52	
2018	5.16	5.19	A3618	电源开关	1 800	2.97	
2018	6.15	6.18	A3618	电源开关	1 500	2.475	

2. 分析客户经营情况

经理从财务科得到 ×× 公司的财务数据交给实习小组，包括流动比率和速动比率、营运资金、股东权益对负债比率，要求他们对这一客户的经营情况进行分析。

流动比率：1.5；

速动比率：0.94；

营运资金：3 846 万元，居于同类客户的前列；

股东权益对负债比率是客户中较高的。

实习小组的分析：

（1）依据流动比率 2∶1、速动比率 1∶1 较为理想的原则，这家企业的流动比率与速动比率都呈现出较为理想的状态，说明该企业的短期偿债能力较强。

（2）企业的营运资金充足，股东权益对负债比率较高，说明该企业有足够的偿债能力，债权的利益有保障。

3. 分析客户个人信用

实习小组根据客户的信用调查表（见表 2—11），对该客户的个人信用进行了分析。

表 2—11　　公司信用调查表

<table>
<tr><td colspan="2">公司名称</td><td>××电器商店</td><td>地址</td><td>上海市长宁区
古北路 6351 号</td><td>电话号码</td><td>021-6542××××</td></tr>
<tr><td colspan="2">负责人</td><td>李宗江</td><td>住所</td><td>略</td><td>电子邮箱</td><td>Lizj@×××.com</td></tr>
<tr><td colspan="2" rowspan="2">创业日期</td><td rowspan="2">2006 年 6 月 30 日</td><td>营业项目</td><td rowspan="2">经营方式</td><td rowspan="2">自营</td><td rowspan="2">独资（√）
合伙（　）
公司（　）</td></tr>
<tr><td>小家电、常用小电器</td></tr>
<tr><td colspan="2" rowspan="2">开始交易日期</td><td rowspan="2">2006 年 7 月 28 日</td><td>营业区域</td><td rowspan="2">经营地点</td><td rowspan="2">古北路
6351 号</td><td rowspan="2">市场（√）
住宅（　）
郊外（　）</td></tr>
<tr><td>本地</td></tr>
<tr><td rowspan="11">负责人基本情况</td><td>性格</td><td colspan="2">温柔（　）　开朗（√）
古怪（　）　自大（　）</td><td>气质</td><td colspan="2">稳重（　）　寡言（　）
急躁（√）　健谈（　）</td></tr>
<tr><td>兴趣</td><td colspan="2">钓鱼</td><td>荣誉</td><td colspan="2">无</td></tr>
<tr><td rowspan="2">学历</td><td colspan="2">大学（　）　高中（√）</td><td rowspan="2">出生地</td><td colspan="2" rowspan="2">山东</td></tr>
<tr><td colspan="2">初中（　）　小学（　）</td></tr>
<tr><td>经历</td><td colspan="2">略</td><td>说话要领</td><td colspan="2">抓中心</td></tr>
<tr><td>思想</td><td colspan="2">稳健派（　）　保守派（　）
革新派（√）</td><td>嗜好</td><td colspan="2">酒：饮（√）　不饮（　）
烟：吸（　）　不吸（√）</td></tr>
<tr><td>长处</td><td colspan="2">直爽</td><td>特长</td><td colspan="2">电器修理</td></tr>
<tr><td>短处</td><td colspan="2">遇事急躁</td><td>技术</td><td colspan="2">熟练（√）　不很熟练（　）
不熟练（　）</td></tr>
<tr><td>银行账号</td><td colspan="2">×××××××××
×××××××××</td><td>银行信用</td><td colspan="2">很好（　）　好（　）
普通（√）　差（　）
很差（　）</td></tr>
</table>

实习小组的分析：

从表中的数据可以看出，该客户为独资企业，并有自己独立的经营场所，开业时间是 2006 年，营业时间已有十多年，说明这是一家有一定信誉的老店；从负责人的情况看，负责人具有典型山东人的性格特征，同时也是产品业务的行家；从银行的客户信用评价来看，该客户信用一般，这是大多数电器商店的信用评价。运用“5C”评价标准，品格、能力、资本、担保品和环境状况均为中等偏上水平，应该将其归到值得信赖的客户一类。

思考与练习

1. 下面是从某商场客户服务部资料库中找到的一位客户个人资料，试说说可以从中挖掘出哪些信息。

客户个人资料卡

姓名：李欣　职业：杂志社编辑 家庭住址：北京市丰台区南四环东路 ×× 号 × 区 × 楼 ×××× 号 联系电话：8844××××　138××××8541 购买情况：该客户于 2018 年 12 月购买了一台佳能激光打印机及一台传真机

2. 判断下面说法的正确（√）与错误（×）。

（1）通过对客户信息的分析，可以深层次地理解、认识客户。（　　）

（2）分析客户的品格和能力就可以评价客户的信用。（　　）

（3）如果最近一次消费距离现在很近的客户人数在增加，则表示企业发展稳健。（　　）

（4）对客户历史交易行为的监控、分析，是为了向客户提供个性化的优惠服务。（　　）

3. 请参与分析一家商店的 VIP 客户资料，找出其中可以利用的信息。

课题 3　客户细分

案例引导

加拿大 Geane1 公司利用客户信息档案中的资料和信息，对客户购物行为进行了分析，从而将客户分为 A、B、C、D 四种不同的类型，A 类客户是唯一选择型客户，无论是什么产品他们都会从本公司购买；B 类客户是优先选择型客户，只要本公司产品能够满足他们的需求，就选择从本公司进货；C 类客户是可以选择型客户，他们大多数时候从其他经销商处进货，偶尔从本公司购买；D 类客户是无交易型客户，从未在本公司购买过任何产品。Geane1 公司针对不同类型客户采取不同的营销策略，大大提高了营销的工作效率。

思考：Geane1 公司为何要进行客户细分？

相关知识

企业根据客户的属性、行为、需求、偏好以及价值等因素对客户进行分类，并提供有针对性的产品、服务和销售模式，就是客户细分。

一、客户细分的意义

客户细分是客户定位的基础，是客户关系管理的重要工作，它对于企业高效决策、提高客户满意度、精准营销、节约资源等方面具有十分重要的意义。

1. 有利于企业高效决策

客户天生就存在差异，同一营销策略并不完全适用于所有客户。实施客户细分，可以让企业针对不同客户制定不同的营销策略，有利于企业高效决策。

2. 有利于提高客户的满意度

不同的客户有不同的需求，当客户的差异需求得到满足时才会真正实现客户满意，客户细分是了解客户不同需求从而提高客户满意度的重要工具。

3. 有利于做到精准营销

企业要想最大化地实现可持续发展和获得长期利润，就要重点关注有价值的客户群体，因为企业要获得客户，必须要有一定的投入，这种投入只有在客户进行购买后才能得到补偿。因此，企业营销最重要的一步就是对客户进行细分，寻找并判断哪些客户能为企业带来赢利，哪些客户不能为企业带来赢利，最终锁定那些高价值客户。

4. 有利于节约资源

通过客户细分，企业可以针对不同的客户投入不同的资源，这样不仅保证企业所投入的资源得到回报，还能节约企业资源。

二、影响客户细分的因素

1. 客户的外在属性

客户的外在属性包括客户分布地域、客户拥有的产品、客户的组织归属（企业用户、个人用户、政府用户）等。

2. 客户的内在属性

客户的内在属性是指客户的内在因素所决定的属性，包括性别、年龄、信仰、爱好、收入、家庭成员数、信用度、性格、价值取向等。

3. 消费行为

不少行业对消费行为的分析主要从三个方面考虑，即最近消费、消费频率与消费额，这些指标都可以在账务系统中得到，但并不是每个行业都能适用。

按照消费行为来分类通常只能适用于现有客户，对于潜在客户，由于消费行为还没有开始，当然无从谈起。即使对于现有客户，消费行为分类也只能满足企业客户分层的特定目的，如奖励贡献多的客户等。

三、客户细分的步骤

1. 选择客户细分的标准

（1）按客户特征细分

按客户的特征细分，也就是对其社会和经济背景所关联的要素进行细分。这些要素包括地理方面的要素（如居住地、行政区、区域规模等）、社会方面的要素（如年龄、性别、经济收入、工作行业、职位、受教育程度、宗教信仰、家庭成员数量等）、心理方面的要素（如个性、生活形态等）和消费行为方面的要素（如置业情况、购买动机类型、品牌忠诚度、对产品的态度等）等。

（2）按客户价值层级细分

许多企业依据客户价值层级将客户分为白金客户（Ⅳ）、黄金客户（Ⅲ）、铁质客户（Ⅱ）和铅质客户（Ⅰ）四种类型，这是目前最流行的客户细分标准。

（3）按客户共同需求细分

提炼客户的共同需求，以客户需求为导向进行客户细分。

2. 按照选定的标准细分客户

企业依据选定的客户细分标准，利用数据库等工具进行客户细分。

3. 评估细分结果

在对客户进行细分之后，会得到多个细分的客户群体，但是，并不是每个细分都是有效的。对细分的结果需要进行三个方面的测评：

（1）客户群与业务目标的相关程度。

（2）客户群的可理解性和特征化。

（3）客户群是否能满足独立开展营销活动的条件。

技能实践

实习小组来到 A 公司的第三周，经理给他们布置了第三项任务，即依据公司的客户资料对公司客户进行细分。

客户细分

实习小组按照客户细分的方法和步骤，依据地域和销售额对该公司的客户进行了细分。

该公司的客户分布在全国，以华东、华南、华北地区数量居多。在华东地区，产品销售额在100万元以上的客户有12家；在华南地区，产品销售额在100万元以上的客户有10家；在华北地区，产品销售额在100万元以上的客户有7家。这些客户稳定性好，信用高，是企业主要的利润来源，所以将他们定位为企业的黄金客户。

在公司的客户群中，销售额在80万元以上的客户有近50家，主要分布在华东、华南地区。这些客户与企业有着良好的业务联系，有一些是与企业一起成长起来的，对企业来讲他们是忠诚客户，也是企业利润的重要来源，所以将他们定位为企业的白银客户。

销售额在20万元以上、50万元以下的客户，分布较为分散，与企业的关系是一种商业合作关系。当有更大利润吸引时，这些客户最容易出现摇摆，所以将他们定位为企业的铁质客户。

在企业近三年的经营中，约有10家客户出现了拖欠货款、长期不还的现象，应当将这10家客户划分为铅质客户，加以防范，减少与其交易，保证企业的安全。

思考与练习

1. 试分析下面的案例中采用了哪种客户细分的方法。

银行的不少客户拥有一定的资产，且对新鲜事物有一定的接受能力，但没有太多的闲暇时间自己打理资产。招商银行对日均存款或资产（含股票、国债、基金等）市值合计超过50万元的客户提供高品质、个性化的各类综合理财服务，如一对一理财顾问、专享理财空间、专门定制的理财信息、多种超值优惠、全国漫游服务和24小时在线咨询等。

2. 判断下面说法的正确（√）与错误（×）。

（1）客户天生就存在差异。（ ）

（2）客户的外在属性数据不容易得到。（ ）

（3）企业资源平均分配到每个客户身上的做法既不符合经济性也不切合实际。（ ）

3. 请为一家服装专卖店做一个客户细分。

模块三　客户关系维护

学习目标

- 掌握客户体验管理的理论和方法
- 了解客户忠诚度的相关理论
- 掌握大客户服务的策略
- 能够设计客户体验方案
- 能够熟练运用客户忠诚度的相关策略

课题 1　客户体验管理

案例引导

宜家家居于 1943 年创建于瑞典，一直将“为大多数人创造更加美好的日常生活”作为努力的方向。如今，宜家家居已成为全球最大的家具、家居用品供应商，在全球 38 个国家和地区拥有 310 个商场。在销售终端上，宜家家居极为重视“此时无声胜有声”的“体验式营销”，规定其门店人员不允许直接向客户推销，而是由客户自己发现产品的价格、功能、使用规则、购买程序等所有信息，由客户自行体验并做出购买决定。宜家家居把各种配套产品进行组合，设立不同风格的样板间，充分展现每种产品的现场效果，让客户直接体验到这些家居用品的感觉以及格调。宜家家居的大部分产品都设计成可以拆分的形式，同时配备安装指导手册、宣传片和安装工具等，客户可以将产品带回家自己组装。

思考：宜家家居是如何进行客户体验管理的？

相关知识

一、客户体验管理的概念

客户体验管理是企业以提高客户整体体验为出发点，注重与客户的每一次接触，通过协调整合售前、售中和售后等各个阶段以及各种客户接触点或接触渠道，有目的、无缝隙地向客户传递目标信息，创造与品牌承诺匹配的正面形象，以实现良性互动，进而创造差异化的客户体验，实现客户的忠诚，从而增加企业收入与资产价值。

所谓体验，就是企业以服务为舞台、以商品为道具进行令客户难忘的活动，而客户体验是客户根据自己与企业的互动产生的印象和感觉。一般来说，这种体验从客户开始接触到其广告、宣传品，或是第一次访问该企业时就产生了。此后，客户使用企业的产品，接受企业的服务，使这种体验得到了延续。因此，客户体验是一个整体的过程，一个理想的客户体验是由一系列舒服、欣赏、赞叹、回味等心理过程组成的，它强化了企业的专业化形象，促使客户重复购买或提高客户对厂商的认可度。

二、客户体验管理的作用

1. 提高客户的满意度

重视客户体验，可以提高客户对企业的满意度和忠诚度，并最终提升客户对企业及产品的认可度。例如，不少企业发现自从有了 VIP 服务项目，客户对企业的满意度有了明显提高，VIP 客户在企业的消费额也在增长。

2. 及早发现问题

客户体验管理还可以帮助企业及早发现问题，识别并跟踪问题，以便使企业决策者能立即采取措施加以解决，做到防微杜渐，避免问题失控或产生更大的浪费。例如，在某次客户体验中，客户投诉商场的手扶电梯对儿童的安全保护不到位，商场及时整改，防止了安全事故的发生。

3. 保留住客户

企业要想获得竞争优势，就必须注重每一次交互过程中客户体验对于企业将来的利润和收益的作用与影响，给客户最佳的体验和感受，让客户愿意再次消费。客户体验管理能够识别销售时机并能有效管理客户的不确定因素，有利于保留住最有价值的客户。

三、客户体验管理的内容

客户体验管理的内容是在各个客户接触点（如销售人员、呼叫中心、代理商、收账人员、客户接待人员等）或接触渠道（如广告、活动、产品使用手册和网站等）上，让产品、服务以及一系列客户体验产生“利好因素”的综合产物，以实现客户关系最优化、客户价值最大化。

客户体验的内容具体包括以下几点：

1. 产品

产品既有即时享用的，如餐饮业；也有可以长期使用的，如电子产品及耐用消费品。

2. 服务

服务包括基本服务（服务于产品）及额外服务（如售后、维修和咨询服务）。

3. 关系

关系是指各种加强与客户关系的手段（如 VIP 俱乐部、给予长期客户特殊优惠等）。

4. 便利性

便利性是指整个客户周期流程（购买前、中、后）的便利性，如是否简便、省时、省力（如网上购买或电话购买）。

5. 品牌形象

品牌形象是指针对各种市场与目标客户的品牌定位。

6. 价格

价格包括评价、规格、高性价比、客户细分定价等。

四、客户体验管理的步骤

客户体验管理包含 5 个主要步骤。

1. 取得基本信息

首先，要取得被管理客户的基本信息，分析客户为什么购买。例如，美苏电器是一家销售数码产品与影音器材的香港零售连锁商店，商店每天都有大量客户光顾。经过调查与分析，美苏电器发现自己的明码实价与可靠的品牌形象是客户光顾的最主要原因。

2. 了解目前的客户体验和期望分析

依据公式“满意度 = 体验 - 期望”来分析客户体验和期望之间的差距。例如，根据美苏电器对客户的调查，客户的实际体验是：认为其价格合理，品牌形象良好，但服务与产品类别的丰富程度稍差。而客户对于企业产品、价格、便利性和品牌形象都有颇高期望，体验与期望相差较大。由此可见，客户对美苏电器的体验并不是很满意。

3. 确定关键体验

在所有的因素中找出客户满意的关键因素，与客户体验的最差因素相乘，数字最大的就是客户的关键体验。例如，经计算发现，便利性不仅是客户满意的关键因素，也是美苏电器做得最差的一方面，那么它就是客户的关键体验。

4. 分析理想与实际体验间的差距

由于所有企业的资源都是有限的，因此不能（也不应该）无限制地满足客户的期望。将资源投放在客户最看重的关键体验上，大大超越客户的期望，就会使客户非常满意，进而提高客户忠诚度。例如，对于美苏电器，应当想办法在购物的便利性上加大投入，增强客户的满意度。

5. 寻找方法提升客户体验

从客户的关键体验出发，寻找最合适的方法来提升客户的体验，提高客户的满意度。例如，美苏电器通过分析客户体验，得出客户的需求是有更多的分店，因此决定开设更多的分店，且不考虑进行互联网或电话销售。

需要注意的是，客户体验管理不是不顾成本，把客户想要的所有东西都提供给他们，或者通过持续的高价格、低成本策略来增加利润，而是在不同种类的客户之间保持平衡。

技能实践

上海某电商客户服务中心的客户体验管理做得很有特色，营销实习小组的同学们来到这里学习该电商的客户体验管理。

客户体验管理

实习小组通过在客户中心的实习，体验到了该电商在客户体验管理方面的特色。

1. 快速的反应机制

（1）快速解决客户需求

该电商整个购物流程非常简单、明了，便于客户在网站上买到其想要的产品，并且把了解到的客户需求及时反馈给内部各个部门，以更好地提升客户体验。

（2）客户服务迅速及时

公司制定了“上午订货，下午送达”的快速反应机制；保证客户投诉问题马上得到解决，并对每一次的投诉进行跟踪反馈，记录服务过程，评价服务质量。

2. 丰富而实惠的产品

该电商为客户提供了丰富而实惠的产品，其进口牛奶在业界非常有名。公司从新加坡和德国进口了很多牛奶，平均价格比线下超市低 3%～5% 左右，并且将节约的成本都反馈给消费者。这样实惠的购物体验，受到消费者的普遍欢迎。

3. 便利且周到的服务

该电商还为客户提供很多便利且周到的服务，如在线支付手机费、水费、电费、煤气费以及购买机票等，实现一站式服务。

4. 新鲜的创意体验

该电商设计了虚拟超市，如在地铁里设置许多虚拟货架，上面有该电商产品的图片，客户在坐地铁的时候可以随意浏览，如果有中意的产品，扫一下图片上的二维码就可以实现购买。这是该电商为消费者提供的多维一体化购物的创意体验之一。

5. 科学的管理方式

在客户体验管理上，该电商采用了先进、科学的管理方法。例如，请咨询公司跟踪测量每一天客户的满意度，及时了解客户体验的情况，随时掌握客户的体验感受。

案例聚焦

K11 的客户体验策略

2013 年翻新改造完毕的上海 K11 艺术购物中心是当之无愧的上海购物中心

体验创新的模板，它带给人们一种全新的购物体验。K11 的核心理念就是跨界体验，它将博物馆与零售业相结合，定期联合美术馆、文化机构等举办艺术展览，让客户在购物的同时，还能受到艺术的熏陶。例如，由巴黎马蒙丹·莫奈美术馆、上海天协文化传播、K11 艺术基金会联合主办的莫奈画展在 K11 艺术购物中心开展以来，观展人数累计超过 30 万人次，单日最高达 6 000 人次，有人专程从沈阳飞到上海，只为一睹莫奈《睡莲》的真迹。一时之间，去 K11 看莫奈展成为热门话题。根据统计，上海 100 家大型购物中心中，人气惨淡的占 30%，其中，10% 的购物中心濒临倒闭。对比那些门可罗雀的购物中心，K11 却是另一番景象，这都得益于其另辟蹊径的客户体验策略。

思考与练习

1. 分析下面这种做法的原因。

走进上海虹桥机场的候机大厅，旅客可以随处拿到客户满意度调查表。为了方便摆放，管理者还专门设计了框架，将客户满意度调查表摆放在显眼之处，以便及时了解客户的体验感受。

2. 判断下面说法的正确（√）与错误（×）。

（1）创造差异化的客户体验，可以培养客户的忠诚度。（　　）

（2）客户体验是一个整体的过程，一次理想的客户体验必定是由一系列心理过程组成，如舒适、欣赏、赞叹、回味等。（　　）

（3）客户满意度通常与客户购买该企业产品和服务的感觉无关。（　　）

3. 以客户的身份参与一次企业客户体验，并写出体验感受。

课题 2　客户忠诚管理

案例引导

Tesco 超市公司是英国最大的食品超市公司之一，该公司实施的客户忠诚计划——“俱乐部卡”，帮助公司将市场份额从 16% 上升到了 27%，成为英国最大的连锁超市集团。超市的“俱乐部卡”被很多海外商业媒体评价为“最善于使用客户数据库的忠诚计划”和“最健康、最有价值的忠诚计划”。

1. Tesco 超市的“俱乐部卡”

“俱乐部卡”的积分规则十分简单，客户可以从他们在 Tesco 超市消费的数额中得到 1% 的奖励，每隔一段时间，Tesco 超市就会将客户累积的奖金换成消费代金券邮寄到客户家中。这种方便实惠的积分卡吸引了很多客户的兴趣。据 Tesco 超市自己的统计，“俱乐部卡”推出的前 6 个月，在没有任何广告宣传的情况下，就取得了 17% 左右的客户自发使用率。

2. 成立“利基俱乐部”

通过软件分析，Tesco 超市将使用“俱乐部卡”的客户划分成了十多家不同的“利基俱乐部”，如“足球俱乐部”“妈妈俱乐部”等。超市为这十几家“利基俱乐部”制作了不同版本的“俱乐部卡杂志”，刊登最吸引他们的促销信息和其他一些他们关注的话题。在适当的时候，超市还会为不同俱乐部的成员组织各种活动。

3. 业务延伸创新形式——联名卡

后来，Tesco 超市不再满足于经营单纯的积分卡，而是把业务延伸到了金融服务领域，推出了联名卡。联名卡一般是非金融界的赢利性公司与银行合作发行的信用卡，近年来被市场广泛接受，发展很快。

Tesco 超市的联名卡推出时，针对的是“俱乐部卡”会员中最忠诚、消费额度最高的中产阶级家庭（约占会员的 20%）。由于消费者对于 Tesco 超市的信任度大大超过了一般的金融服务公司，因此，Tesco 超市推出的联名信用卡在英国颇受欢迎。

思考：Tesco 超市采取了哪些策略进行客户忠诚管理?

相关知识

一、客户忠诚度的概念

客户忠诚是指客户对企业的产品或服务的信任和依赖之情，它主要通过客户的情感忠诚、行为忠诚和意识忠诚表现出来。情感忠诚表现为客户对企业的理念、行为和视觉形象的高度认同和满意，行为忠诚表现为客户再次消费时对企业的产品和服务的重复购买行为，意识忠诚则表现为客户对企业产品和服务的未来消费意向。

客户忠诚度又称为客户黏度，是指客户对某一特定产品或服务产生了好感，形成了“依附性”偏好，进而重复购买的一种趋向。

客户忠诚度与客户满意度不同，客户满意度是评量过去交易中满足客户预先期望的程度，而客户忠诚度则是关注客户再次购买或参与活动的意愿。

一般来讲，在企业经营中，客户的利润预期与其停留的时间成正比。失去一个老客户会减少利润，争取到一个新客户会增加利润，它们给企业所带来的经济效益是反向的。

二、按客户忠诚度对客户进行分类

1. 无品牌忠诚者

这一类客户会不断更换品牌，对品牌没有认同，对价格非常敏感，哪个价格低就选哪个。

2. 习惯购买者

这一类客户忠于某一品牌或某几种品牌，有固定的消费习惯和偏好，购买时心中有数，目标明确。

3. 满意购买者

这一类客户对原有消费品牌已经相当满意，而且已经产生了品牌转换风险忧虑，也就是说购买另一个新的品牌，会有一定风险，包括效益风险、适应上的风险等。

4. 情感购买者

这一类客户对品牌已经有了一种感情，某些品牌是他们情感与心灵的寄托，如一些客户长期使用中华牙膏、雕牌肥皂等。

5. 忠诚购买者

这一类客户是品牌忠诚的最高境界，他们不仅对品牌产生情感，甚至引以为骄傲，如耐克鞋的很多购买者，都持有这种心态。

三、影响客户忠诚度的因素

1. 客户满意度

客户忠诚度和客户满意度之间有着千丝万缕的关系，一般来说，客户满意度越高，客户忠诚度就会越高；客户满意度越低，客户忠诚度就会越低。可以说，客户满意是推动客户忠诚的最重要因素。

2. 客户所获利益

追求利益是客户的基本价值取向，调查结果表明，客户一般也乐意与企业建立长久关系，其主要原因是希望通过忠诚得到优惠和特殊关照。可见，客户忠诚的动力是客户能够从忠诚中获得利益。如果老客户没有得到比新客户更多的优惠，那么就会限制他们的忠诚，引起老客户的流失，新客户也不愿意成为老客户。因此，企业能否提供忠诚奖励将会影响客户是否持续忠诚。

3. 客户的信任和情感

（1）信任因素

由于客户的购买存在一定的风险，因此与企业交易的安全感是客户与企业建立忠诚关系的主要动力之一。客户为了避免和减少购买过程的风险，往往倾向于与自己信任的企业保持长期合作关系。信任是客户忠诚的核心因素，信任使购买行为的实施变得简单易行，同时也使客户对企业产生依赖感。

（2）情感因素

企业给予客户的利益，竞争者也同样可以提供，但竞争者难以攻破在情感深度交流下建立的客户忠诚。企业与客户一旦有了情感交融，就会使企业与客户之间从单纯的买卖关系升华为休戚相关的伙伴关系。当客户与企业的感情深厚时，客户就不会轻易背叛，即使受到其他利益诱惑也会考虑与企业的情感因素而持续对企业忠诚。

例如，日本最大的企业形象设计所兰德社的社长曾评论，松下电器和日立电器在质量、价格等方面并不存在什么差别，可有的客户之所以只购买松下电器（或日立电器），只是因为他更喜欢这家公司。美国人维基·伦兹在其所著《情感营销》一书中也明确指出："情感是成功的市场营销唯一的、真正的基础，是价值、客户忠诚和利润的秘诀。"企业只有真正站在客户的角度，给客户以关怀，与客户建立超越经济关系之上的情感关系，才能真正赢得客户的忠诚。

4. 客户的转换成本

转换成本是指客户从一个企业转向另一个企业需要面临的障碍或增加的成本，是客户为更换企业所需付出的各种代价的总和。

转换成本可以归为以下三类：一类是时间和精力上的转换成本，包括学习成本、时间成本、精力成本等；另一类是经济上的转换成本，包括个人关系损失成本、金钱损失成本；还有一类是情感转换成本。如果客户从一个企业转向另一个企业，会损失大量的时间、精力、金钱、关系和感情，那么，即使目前他们对企业不是完全满意，也会三思而行，不会轻易转换购买。

例如，企业实行累计优惠计划，那么频繁、重复购买的忠诚客户，就可以享受奖励，而如果中途放弃，就会失去更多的奖励，并且原来积累的利益也会因此而失效，这样就会激励客户对企业忠诚。

四、衡量客户忠诚度的标准

1. 客户重复购买的次数

客户重复购买的次数是指在一定时期内，客户重复购买某种品牌产品的次数。

2. 客户挑选时间的长短

客户购买前都要对产品进行挑选，但由于依赖程度的差异，客户对不同品牌产品的挑选时间是不同的。通常，客户挑选的时间短，说明其对该品牌的忠诚度较高；反之，则说明其对该品牌的忠诚度较低。

3. 客户对价格的敏感程度

客户对价格都是非常重视的，但这并不意味着客户对价格变动的敏感程度都相同。事实表明，对于喜爱和依赖的产品或服务，客户对其价格变动的承受能力强，即对价格的敏感度低；而对于不喜爱和不信赖的产品或服务，客户对其价格变动的承受能力弱，即对价格的敏感度高。

4. 客户对竞争品牌的态度

一般来说，对某种品牌忠诚度高的客户会自觉地排斥其他品牌的产品或服务。因此，如果客户对竞争品牌的产品或服务有兴趣并有好感，那么就表明其对该品牌的忠诚度较低；反之，则表明其对该品牌的忠诚度较高。

5. 客户对产品质量的承受能力

任何产品或服务都有可能出现各种问题，即使是名牌产品也很难避免。如果客户对该品牌的忠诚度较高，当出现质量问题时，他们会采取宽容、谅解和协商解决的态度，而不会由此失去对该品牌的偏好。相反，如果客户对品牌的忠诚度较低，当出现质量问题时，他们会深感自己的正当权益被侵犯了，从而会产生强烈的不满，甚至会通过法律方式进行索赔。

6. 客户购买费用的多少

客户对某一品牌支付的费用占购买同类产品支付的费用总额的比例，能反映出客户的忠诚度。如果这个比例高，即客户购买该品牌的比重大，说明客户对此品牌的忠诚度高；反之，则忠诚度低。

五、实现客户忠诚的策略

1. 努力实现客户满意

客户越满意，客户忠诚的可能性就越大，而且只有最高等级的满意度才能实现最高等级的忠诚度。例如 1987 年，施乐公司在进行客户满意的评估中发现，不仅满意与再购买意愿相关，而且完全满意的客户的再购率是满意客户的 6 倍。为了追求客户完全满意，施乐公司承诺在客户购买后三年内，如果对产品有任何不满意，公司免费为其更换相同类型的产品，这样就最大限度地确保了客户意愿的满足，促使客户持续忠诚于该公司。

2. 奖励忠诚

企业想要赢得客户忠诚，就要对忠诚客户进行奖励，奖励的目的就是要让客户从忠诚中受益，得到更多的实惠，从而使客户在利益驱动下保持忠诚。奖励忠诚，首先要废除一切妨碍和不利于客户忠诚的因素；其次要采用多购买多优惠的办法，促进客户长期重购、多购；最后还要增加奖励忠诚的配套措施。

3. 增加客户对企业的信任与情感

（1）增加客户对企业的信任

企业要树立“客户至上”的观念，想客户所想，急客户所急，解客户所难，帮客户所需，以自己的实际行动取得客户的信任；要提供广泛并值得信赖的信息（包括广告），当客户认识到这些信息是值得信赖并可接受的时候，企业和客户之间的信任就会逐步产生并得到强化；要重视客户可能遇到的风险，然后有针对性地提出保证或承诺，并切实履行，以减少他们的顾虑，从而赢得他们的信任；要尊重客户的隐私权，使客户有安全感，进而产生信赖感；要认真对待客户投诉，及时、妥善地处理客户投诉，从而赢得客户的信任。

（2）增加客户对企业的情感

企业应当积极地与客户进行定期或不定期的沟通，进行拜访或者经常性的电话问候，了解他们的想法和意见，并邀请他们参与到企业的各项决策中，让客户觉得自己很受重视。企业应当时刻留意客户需求的变化，不断地满足和超越客户的期待，给他们意外的惊喜，以不断增进与客户的情感。

4. 提高转换成本

一般来讲，如果客户在更换品牌时感到转换成本太高，或者客户原来所获得的利益会因为更换品牌而损失，或者将面临新的风险和负担，就可以加强客户的忠诚。

5. 加强与客户的合作关系

经验表明，客户购买一家企业的产品越多，对这家企业的依赖性就越大。当企业已经渗透到客户的业务中间，与客户形成战略联盟时，客户流失的可能性就越小，就越可能保持忠诚。因此，企业在为客户提供物质利益的同时，还可以通过向客户提供更多、更宽、更深的服务来建立与客户结构性的联系或者纽带，为客户提供生产、销售、调研、管理、资金、技术和培训等方面的帮助及更多购买相关产品或服务的机会，进而促进客户忠诚。

技能实践

某超市的客户忠诚管理在连锁超市行业为大家所称道，成为大家争相效仿的对象。职业学校的实习小组来到该超市，学习客户忠诚管理的理论及相关实施策略。

客户忠诚管理

该超市主要从以下几个方面进行客户忠诚度的培养。

1. 让客户感受到被尊重

在买方时代，购买的决定权在客户手中，而不在企业手中。该超市时时刻刻将客户的利益放在重要的位置，推出了预订服务，让工作忙、没有时间的客户可以直接通过打电话的方式预订商品，节省了客户的购物时间，也让客户充分感受到了被尊重。

2. 给予客户关怀

超市的客服人员每日查询当天有哪位客户过生日，根据客户的价值排序进行相应关怀，如送鲜花、生日蛋糕等。通过关怀与反馈，赢得客户的忠诚。

3. 依据购买习惯提供不同服务

客户的需求越来越多元化，不同的客户对同一类商品也有不同的服务需求。对于老客户，超市依据其购物特点划分出不同的购物类型，如节约型、追求时尚型、讲究品质型等，针对其不同的购买习惯，及时周到地为其提供相应的服务。

4. 推出多种优惠客户的促销

超市经常推出多种促销活动，如在不同季节推出时令商品促销、不同节假日推出不同主题的促销活动等，让客户目不暇接。客户不管什么时间到超市都会遇上促销活动，让客户总有一种来的恰是时候的心理感受。

通过实践，大家认识到，客户忠诚管理的真正意义在于学会怎样留住老客户，而不是一味寻求新客户。根据数据统计，虽然“回头业务”的增长率只有5%，看上去微不足道，但是，其利润增长的幅度却相当大，能达到60%。

案例聚焦

美国西部航空公司独特的客户服务

美国西部航空公司建立之初是一家规模较小的航空公司，当时美国航空公司、达美航空公司、西南航空公司等已经基本控制了美国的航空市场，要想打开局面、占有市场，必须要有出奇制胜的法宝。

1. 经济型的票价服务

西部航空公司起初只能服务于美国西南部10个城市。但是，他们设计了一些大的航空公司没能做到的客户服务，包括以低价位提供直达线路，缩短航行时间等。例如，从奥斯汀到洛杉矶的航线，美洲航空公司每天飞8个航班，航程5小时，乘客在达拉斯中途停留1小时，票价最低为298美元；而西部航空公司每天有4个航班，航程4.5小时，中途在菲尼克斯停留0.5小时，最低票价238美元。与美洲航空公司相比较，票价低60美元，航程缩短了0.5小时，停留时间缩短了0.5小时。

2. 不同时间不同价位的产品服务

西部航空公司的中心设在达拉斯的拉夫菲尔德机场，离市区近，乘客往返比较方便，他们把机票价格分为两档，高峰价和非高峰价，乘客可以针对不同的价格调整自己的出行时间，保证准时、经济的出行，这种方式得到很多乘客的认同，非常具有吸引力。

3. 贴心周到的细节服务

其他航空公司虽然提供电话预订机票服务，但必须通过旅行社或在机场服务台付款，乘客按登机顺序选择座位。除了经常往返的短途航班外，中途停留时间较长，取行李也不是十分快捷和便利。西部航空公司的航班中途停留选在菲尼克斯，机场候机区宽敞明亮、座椅舒适，配置有电视机，附设知名的快餐店，对乘客非常有吸引力。乘客乘坐西部航空公司的航班，可以电话订票、信用卡支付，还可以通过电话预先确定座位。飞机上免费提供报刊、饮料和花生，长途航班还会提供三明治、沙拉、奶酪、水果和甜食等小吃。托运行李的提取也比较方便。

这种不一样的服务设计让西部航空公司成功地扩大了市场，并获得了一大批忠实客户。

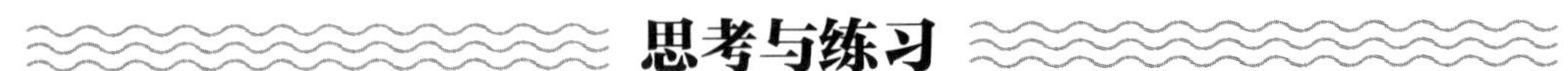

思考与练习

1. 分析下面这种现象出现的原因。

在汽车服务业，流失一位老客户所产生的利润空洞起码要三位新客户才能填满。同时，由于与老客户之间的熟悉、信任等原因使得服务一位新客户的成本和精力要比服务一位老客户大得多。

2. 判断下面说法的正确（√）与错误（×）。

（1）客户满意度越高，忠诚度就会越高；反之，客户满意度越低，忠诚度就会越低。（　）

（2）客户满意度与客户忠诚度的不同在于，客户满意度是衡量过去的交易中满足客户原先期望的程度，而客户忠诚度则是衡量客户再次购买及参与活动的意愿。（　）

（3）客户对价格都是非常重视的，这就意味着客户对价格变动的敏感程度都是相同的。（　）

（4）转换成本是指客户从一个企业（或品牌）转向另一个企业（或品牌）需要面临多大的障碍或增加多大的成本，是客户为更换企业（或品牌）所需付出的各种代价的总和。（　　）

3. 尝试参与一次企业或知名品牌的 VIP 答谢活动，了解企业是如何培养客户忠诚度的。

课题3　大客户服务管理

案例引导

利乐公司是全球著名的包装材料、饮料加工设备和灌装设备提供商。在大客户的管理上，利乐公司的理念是：与客户共同成长，即与大客户建立起富有成效的关系，把优势资源向20%的大客户集中，与客户共同成长。

在向中国客户提供服务时，利乐公司的设备专家、技术专家、包装设计专家、人力资源专家甚至财务专家频繁往返于利乐公司和中国客户之间，共同深入生产和市场一线，共同发现问题，寻找解决问题的方法，有时还一起接受培训，开联谊会、庆功会等。

利乐公司的大客户伙伴模式超越了简单的产品供应层面，从以产品为导向的供求关系，转变为紧密的业务合作伙伴关系。利乐公司通过有效的大客户管理与实施，使客户实现业务利润的增长，从而达到使客户满意的目标。

思考：利乐公司的大客户服务管理对于企业发展有何益处?

相关知识

一、大客户的概念

大客户又称为重点客户、主要客户、关键客户和优质客户等，是指产品（或服务）消费频率高、消费量大、客户利润率高并对企业经营业绩能产生一定影响的重要客户，与其相对而言的是中小客户。

特别要注意的是，有几类客户虽然看起来“大”，却不能将他们视为大客户。例如，偶然大量消费的团购客户不能算作大客户，因为他们并不是企业可持续获利的源泉；仅产品需求量大，但利润提供能力、业绩贡献度不高的客户不能视为大客户；与企业交易时条件苛刻的客户也不能算是大客户。

二、大客户的重要作用

1. 企业利润持续增长的重要来源

一个企业要发展，必须要有相当的利润做支持。与大客户建立起来的良好关系，可以使企业有一个稳定的业务基础。大客户对于企业完成销售目标是十分重要的。虽然这些客户的数量较少，但在企业的整体业务中处于举足轻重的地位。大客户一旦成为企业的忠实客户，将保证企业的利润有一个持续增长的趋势。

2. 树立企业良好公众形象与品牌

企业与大客户关系稳定，双方通过业务合作、利益双赢、资源共享，可以使企业在客户中具有较好的竞争地位。拥有大客户的企业，在与其他企业的竞争中具有相当的竞争力，成为企业树立良好公众形象与品牌的优势力量。

3. 增加员工对企业的信心

企业拥有大客户，可以帮助其提高在市场上的竞争地位，获得相当的市场份额，从而增强员工的信心与力量，让员工更加忠诚于企业，增加员工工作的积极性与创造性。

4. 企业持续发展的重要动力来源

拥有大客户的企业相比其他企业，拥有的市场将是良性发展、具有发展潜力并能长期给企业提供资源的市场，而这又恰恰是企业保持持续发展不可缺少的条件。

三、大客户服务管理的流程

1. 组建大客户服务团队

大客户服务团队的构成一般有大客户经理、销售经理、市场人员、技术人员、财务人员、培训人员等。由大客户经理带领团队完成对大客户的服务；销售经理主要负责对客户的市场营销工作进行销售上的指导；市场人员负责对客户的营销策略、市场规划进行支持；技术人员负责对客户的相关技术问题进行支持以及进行技术培训等；财务人员负责对客户进行财务管理方面的支持，保持其财务状况良好；培训人员负责对客户进行系统的培训，保证其在成长中获得必要的学习和知识补充。

2. 实施大客户服务

大客户服务一般通过以下渠道来实施。

（1）产品技术研讨会：通过技术讲座进行技术方面的交流，听取大客户对于企业产品的意见和建议，邀请对象为大客户的技术主管、营销经理以及第三方行业相关机构。

（2）行业发展交流会：通过组织会谈等形式，同大客户沟通行业发展的现状与趋势。目的在于加强同大客户的交流。

（3）用户答谢会：通过组织休闲娱乐活动，增进双方的交流，并可以就双方关心的问题进行非正式的意见交换。

（4）其他方式：采取邀请对方参加企业产品发布会等方式加强同大客户的交流与沟通。

3. 评估大客户服务

大客户服务人员根据大客户服务项目的情况，填写大客户服务评估表，对大客户服务的情况进行评估，大客户服务经理对大客户服务评估表进行审核、审批。大客户服务人员在服务活动结束后一周内进行大客户服务情况回访，听取大客户对服务项目的意见和看法，以便改进。

四、大客户服务管理的措施

1. 在企业内部建立大客户管理部门

组建专门的大客户管理部门，并实现其组织管理职能，这在通信、邮政、银行等很多行业都已实施。很多跨国公司也是这样做的，诸如办公设备巨头——施乐公司，拥有 250 个大客户，其业务由大客户管理部门专门处理，而其他客户业务则由一般的销售人员来处理。

2. 采取最适合的销售模式

大客户与企业的合作具有一定的特殊性，其特殊性体现在模式创新性、价格特殊性、服务紧密性等诸多方面。这些特殊性要求企业要最大化地接近大客户，掌握大客户需求。为此，很多销售模式应运而生。例如，以直销为基本特征的俱乐部营销、顾问式营销、定制营销等，对于把握对大客户的时间投入、精力投入以及个性化策略都大有裨益。

3. 建立销售激励体系

企业必须给大客户建立销售激励体系，通过激励使其更加感觉到合作的益处。其实，很多企业把客户划分为关键客户、重点客户、一般客户等几个级别加以管理，并根据不同级别制定不同的管理和激励政策，目的就是对那些对企业贡献度高的客户予以激励，包括物质激励（如资金、实物等）和精神激励（如荣誉证书、奖杯等）。

4. 建立信息管理系统

企业以大客户的信息资料为基础建立信息管理系统，围绕大客户进行大客户发展分析、大客户价值分析、大客户行为分析、代理商贡献分析、大客户满意度分析等工作，使决策层对大客户的发展趋势、价值取向、行为倾向有准确的把握，并能对重点大客户进行一对一营销。

5. 建立全方位沟通体系

大客户管理部门中的大客户营销人员、客户经理要定期或不定期地主动上门征求意见，以发现大客户的潜在需求；要加强与大客户之间的情感交流，根据企业实际，定期组织企业高层领导与大客户高层之间的座谈会，努力与大客户建立相互信任的朋友关系及互利双赢的战略伙伴关系，从而有利于化解渠道冲突。

6. 提升整合服务能力

提升整合服务能力包括量身打造服务模式（如顾问服务、驻扎服务），建立服务沟通平台（如网络、电话等），开通大客户“绿色通道”（为大客户提供便利措施），强化基本服务（提升基本服务的品质），提供增值服务（不断为客户创造产品以外的新价值），建设企业服务文化（包括企业内部文化传播和对客户的传播），提供完善的服务解决方案等。

五、维护大客户的方法

企业通常根据“80/20”原则确定大客户，即公司 80% 的利润是由 20% 的客户创造的，这 20% 就是企业的大客户。企业维护大客户常用的方法有以下几种。

1. 更多优惠措施

给予大客户更多的销售折扣、赠品以及更长期的赊销政策等。

2. 特殊对待

善于经营的企业要根据客户本身的价值和利润率来细分客户，并密切关注高价值的客户，保证他们可以获得应得的特殊服务和待遇，使他们成为企业的忠诚客户。

3. 提供系统化解决方案

企业要主动为大客户量身定做一套适合的系统化解决方案，在更宽广的范围内关心和支持大客户发展，增强大客户的购买力，扩大其购买规模，或者和大客户共同探讨新的消费途径和消费方式，创造和推动其新的需求。

4. 建立良好关系

日常的拜访、节日的真诚问候、婚庆喜事或过生日时的一句祝福，都会使客户深受感动。交易的结束并不意味着客户关系的结束，企业通过建立客户数据库，与大客户建立良好的客户关系，以确保持续满足大客户的需求。

5. 制造客户离开的障碍

一个保留和维护大客户的有效办法就是制造客户离开的障碍，使客户不能轻易去购买竞争者的产品。因此，从企业自身角度上，要不断创新，改进技术手段和管理方式，提高客户的转移成本和门槛；从心理因素角度上，企业要努力和客户保持亲密关系，让客户在情感上忠诚于企业，对企业形象、价值观和产品产生依赖和习惯心理，从而和企业建立长久关系。

技能实践

正处于毕业实习阶段的某商业学校实习小组来到一家化妆品公司，在大客户服务部部长的指导下学习大客户管理方面的知识、方法和策略。

大客户管理

在该公司的客户服务部，实习小组了解到了该公司在大客户管理方面制定的执行方案和采取的具体措施。

1. 大客户管理的执行方案

（1）保证足够的投入

集中优势“兵力”，将最多最好的资源用在大客户身上，生产出令其满意的产品，并主动提供售前、售中、售后全程的优质服务，包括定制服务、一对一服务、精细化服务，甚至可以邀请大客户参与公司产品或服务的研发、决策，从而更好地满足大客户的需要。

（2）预测大客户的需求

领先一步为大客户提供能为其带来最大效益的全套方案，持续不断地向他们提供超预期的价值，给大客户更多的惊喜。例如，在出现供货紧张的情况时，要优先保证大客户的需要，从而提高其满意度，使大客户坚信本公司是他们最好的供应商和服务商。

（3）增加大客户的利益

为大客户提供优惠的价格和安全便利的支付方式，并适当放宽账期限制，允许一定时间的赊账，通过增加大客户利益的方式来提升大客户的忠诚度。

（4）实行 VIP 制

创建 VIP 客户服务通道，为大客户提供能够表明其地位和身份的“特别关心”。

2. 大客户管理的具体措施

（1）有计划地拜访大客户

定期拜访大客户，有利于熟悉大客户的经营状态，并且能够及时发现和解决问题，有利于与大客户维系关系。一般来讲，对大客户至少要一个月打一次电话，一个季度拜访一次。

（2）经常性地征求大客户的意见

经常征求大客户对产品、服务、营销等方面的意见和建议，同时把公司下一步的主要计划与大客户进行研讨，以便公司与大客户建立长期、稳定的战略伙伴关系，增加大客户的信任度。

（3）处理大客户的投诉与抱怨

处理投诉或抱怨是公司对大客户提供的必不可少的服务之一，公司建立了一套能够优先、有效、迅速、专业地处理大客户抱怨与投诉的机制。

（4）与大客户深入沟通

公司利用互联网、移动网络等多种工具与大客户建立快速的沟通机制，利用一切机会加深与大客户的感情交往，特别是在大客户有困难时及时伸出援手，加深大客户对公司的感情。

（5）扩大 VIP 会员

公司通过发展 VIP 会员来增加销售额，这一措施带来的直接效益是提高了单笔消费金额，扩大了营业收入。据统计，公司超过 45%的营业收入都来自 VIP 会员。

思考与练习

1. 分析下面的案例，说明该企业业务经理在营销活动中运用了哪些大客户管理的技巧和方法。

某企业业务经理去拜访一个大客户之前，从客户档案中了解到该客户是个足球迷，就专门印了一些名片，上面写着大大的“球迷”字样。客户接过名片就惊呼：“你也喜欢足球呀？喜欢哪支球队？”于是，两个人就津津有味地从足球问题谈起，很快建立了融洽的关系。

2. 判断下面说法的正确（√）与错误（×）。

（1）大量消费的团购客户一定是大客户。（　　）

（2）与企业交易量大的客户不一定是大客户。（　　）

（3）拥有多个大客户，表明企业很有实力。（　　）

（4）无论大客户、小客户都应享有同样的待遇。（　　）

3. 参与分析一家企业的 VIP 客户资料，找出其中可以利用的信息。

模块四　客户关系修复

学习目标

- 了解客户满意的概念及其衡量指标
- 了解客户投诉的概念及客户投诉的原因
- 了解客户流失的常见情况
- 掌握挽回流失客户的方法
- 能够有效实施客户满意度调查
- 能够正确处理客户投诉
- 能够正确分析客户流失的原因

课题 1　客户满意管理

案例引导

海底捞餐饮股份有限公司成立于 1994 年，是一家以经营川味火锅为主，融汇各地火锅特色于一体的大型直营餐饮企业，其通过对员工满意度和客户满意度的双满意度考察机制，成功打造了火锅行业“五星级服务”典范。海底捞就餐前后的服务过程如下：

（1）用餐前：任何一家“海底捞”都会为等候区的客人提供免费擦皮鞋和美甲服务。

（2）点餐时：“海底捞”不像其他火锅店为了多挣钱尽可能地增加点菜量，如果客人点的量已经超过了可食用量，服务员会主动提醒客人菜量已够或告知客人各式食材都可以点半份。

（3）就餐时：服务员会为长发的客人提供发圈，为戴眼镜的客人提供擦眼镜布，为客人放在桌上的手机套上小塑料袋；每隔 15 分钟，就会有服务员主动为客人更换热毛巾；如果有儿童或过生日的客人，服务员还会送上小礼品。

（4）就餐后：服务员会送上口香糖，并微笑向客人道别。

思考：“海底捞”具体采取了哪些措施进行客户满意管理？

相关知识

一、客户满意的概念

满意，是企业对客户需求是否满足的界定。当客户需求被满足时，客户体验到一种快乐的情绪，称为满意；如果客户体验到的是一种消极的情绪，则称为不满意。可以说客户满意是客户对企业产品和服务的一种认同，它是客户在消费产品和服务后的一种心理体验。例如，海尔集团运用“星级服务”的形式，不断向用户提供产品之外的满足，包括快速便捷安装、及时售后回访、修理服务热情周到等，增加了客户满意度，为海尔赢得了越来越多的新客户。

客户满意包括产品满意、服务满意和社会满意三个方面。

1. 产品满意

产品满意是指企业产品带给客户的满足状态，包括客户对产品的内在质量、价格、设计、包装以及时效等方面的满意。产品满意是构成客户满意的基础因素。

2. 服务满意

服务满意是指企业在产品售前、售中、售后以及产品生命周期的不同阶段采取的服务措施，主要是在服务过程的每一个环节上能设身处地地为客户着想，做到有利于客户、方便客户。

3. 社会满意

社会满意是指客户在对企业产品和服务的消费过程中所体验到的对社会利益的维护，它要求企业的经营活动要有利于社会，如安全、环保等。

二、客户满意的衡量指标

在现实中，企业对于客户期望值的理解和所提供的服务与客户自己对于服务的期望值存在着一定差距，而这种差距的大小是可以衡量的，这就是客户的满意度。心理学家认为情感体验可以按照梯级理论划分为若干层次，通常把客户满意度分成七个层次，即很满意、满意、较满意、一般、不太满意、不满意和很不满意。同时设计了七项指标来衡量客户的满意度。

（1）产品的美誉度。

（2）品牌的知名度。

（3）消费回头率。

（4）单次交易的购买额。

（5）对价格变化的敏感度。

（6）消费后的投诉率。

（7）向他人推荐率。

美国著名推销员吉拉德说过，每一位客户身后，大约有 250 个亲朋好友，如果你赢得了一位客户的好感，就意味着赢得了 250 个人的好感；反之，如果你得罪了一位客户，也就意味着得罪了 250 位客户。当客户获得了满意的消费，也就意味着企业获得了客户。随着产品日益同质化，竞争日趋激烈，企业必须更加重视客户服务，才能提高市场竞争力。

三、影响客户满意的因素

1. 客户感受价值的高低

客户对产品或服务的满意程度受产品或服务感受价值高低的影响较大。如果客户感受价值高于其期望值，客户就倾向于满意，差额越大越满意；反之，如果客户感受价值低于其期望值，客户就倾向于不满意，差额越大就越不满意。

2. 客户的情感

客户的情感同样影响其对产品和服务的满意感知。这些情感可能是稳定的、事先存在的，比如情绪状态和对生活的态度等。非常愉快的时刻、健康的身心和积极的思考方式，都会对其所体验的服务感觉有正面影响；反之，当客户正处在一种恶劣情绪当中，消沉的情感将被其带入对服务的反应，并导致其对任何小小的问题都不放过或感觉失望。

3. 客户对问题原因的断定

在遇到问题时，当客户得到的是一种出乎意料的结果，他们会寻找原因，而他们对原因的断定会影响其满意度。例如，4S 店修好了一辆车，但是没有能在客户期望的时间内修好，客户认定的原因将会影响到他的满意度。如果客户认为原因是 4S 店没有尽力，因为这笔生意赚钱不多，那么他就会不满意甚至很不满意；如果客户认为原因是自己没有将车况描述清楚，而且新车配件确实紧张的话，他的不满意程度就会轻一些，甚至认为4S店是完全可以被原谅的。相反，对于一次超乎想象的好服务，如果客户将原因归结为“4S店的分内事”或“现在的服务质量普遍提高了”，那么这项好服务并不会对提升这位客户的满意度有什么贡献；如果客户将原因归结为“4S店特别重视自己才这样做的”或是“因为4S店特别重视与客户的情感才这样做的”，那么这项好服务将大大提升客户对4S店的满意度，进而将这种高度满意扩张到对品牌的信任。

4. 对平等或公正的感知

客户的满意还会受到对平等或公正感知的影响。客户会问自己：与其他客户相比，自己是不是被平等对待了？别的客户得到比自己更好的待遇、更合理的价格、更优质的服务了吗？自己为这项服务或产品花的钱合理吗？以自己所花费的金钱和精力，所得到的比别人多还是少？平等和公正的感觉，是客户对产品和服务满意感知的中心。

四、客户满意度调查

1. 确定调查的内容

一般来说，调查内容主要包括以下几个方面：产品内在质量，包括产品技术性能、可靠性、可维护性、安全性等；产品功能需求，包括使用功能、辅助功能（如舒适性等）；产品服务需求，包括售前和售后服务需求；产品外延需求，包括零备件供应、产品说明、培训支持等；产品外观、包装、防护需求；产品价格需求等。

2. 量化和权重客户满意度指标

客户满意度调查的本质是一个定量分析的过程，即用数字去反映客户对测量对象属性的态度，因此需要对调查项目指标进行量化。在实际操作时，常常对很满意、满意、较满意、一般、不太满意、不满意和很不满意这七级，相应赋值为7、6、5、4、3、2、1。

对不同的产品与服务而言，相同的指标对客户满意度的影响程度是不同的。例如，售后服务对耐用消费品行业而言是一个非常重要的因素，但是对于快速消费品行业则恰恰相反。因此，相同的指标在不同指标体系中的权重是完全不同的，只有赋予不同的因素以适当的权重，才能客观真实地反映出客户满意度。

各项客户满意度指标的计算公式为：

得分＝权重 × 评分值

3. 明确调查的方法

客户满意度调查通常采用的方法有以下三种。

（1）问卷调查

问卷调查是一种最常用的客户满意度数据收集方式。问卷中包含很多问题，需要被调查者根据预设的表格选择该问题的相应答案，客户从自身利益出发来评估企业的服务质量、客户服务工作和客户满意水平。同时也允许被调查者以开放的方式回答问题，从而能够更详细地掌握客户的想法。

（2）二手资料收集

二手资料大都通过公开发行刊物、网络、调查公司获得，在资料的详细程度和有用程度方面可能存在缺陷，但却可以作为深度调查前的一种重要参考。特别是进行问卷设计的时候，二手资料能提供行业的基本发展概况，有助于设计人员把握调查问题。

（3）访谈研究

访谈研究包括内部访谈、深度访谈和焦点访谈。

内部访谈是对二手资料的确认和重要补充。通过内部访谈，可以了解企业经营者对所要进行项目的大致想法，同时内部访谈也是发现企业问题的最佳途径。

深度访谈是为了弥补问卷调查存在的不足，在必要时实施的典型用户深度访谈。深度访谈是针对某一论点进行一对一的交谈，在交谈过程中提出一系列探究性问题，用以探知被调查者对某事的看法，或做出某种行为的原因。一般在实施访谈之前应设计好一个详细的讨论提纲，讨论的问题要具有普遍性。

焦点访谈是为了更周全地设计调查问卷或者为了配合深度访谈而采用的获取信息的访谈方式，一般由一名经验丰富的访谈员引导 8～12 人（客户）对某一主题或观念进行深入的讨论。焦点访谈通常避免采用直截了当的问题，而是以间接的提问激发与会者自发的讨论，可以激发与会者的灵感，让其在一个“感觉安全”的环境下畅所欲言，从中发现重要的信息。

4. 选择调查对象

一些企业在确定调查对象时往往只找那些自己熟悉的老客户（忠诚客户），排斥那些可能对自己不满意的客户。有时，一些企业只是在召开产品产销会、订货会时进行客户满意度调查，来者往往有求于企业，评价并不客观。而且，由于这样的座谈会对象往往局限于经销商，他们不是产品的最终使用者，甚至没有直接接触过产品的购买者或最终使用者，所以，这种调查对象的选择是有明显缺陷的。

如果企业客户较少，应该进行全部客户调查。但对于拥有众多客户的企业来说，要进行全部客户的调查是非常困难也是不必要的，应该进行科学的随机抽样调查。在抽样方法的选择上，为保证样本具有一定的代表性，可以按照客户的种类、各级经销商和最终使用者、客户的区域范围（华东、华南、华北、华西）等分类进行随机抽样。在样本大小的确定上，为获得较完整的信息，必须保证样本足够大，但同时也要兼顾调查的费用和时间的限制。

5. 收集客户满意度数据

客户满意度数据的收集可以是书面或口头的问卷，也可以是电话或面对面的访谈，还可以进行网上调查。调查中通常包含很多问题或陈述，需要被调查者根据预设的表格选择问题后面的相应答案，有时也会让被调查者以开放的方式回答，以便获取更详细的资料，从而掌握关于客户满意水平的有价值信息。

6. 科学分析

为了客观地反映客户满意度，企业在进行客户满意度调查之后，还需要运用科学有效的统计方法对收集到的数据进行分析，研究客户消费行为有何变化，寻找其变化的规律，为提高客户满意度和忠诚度打好基础。

7. 制定改进方案

在对收集的客户满意度信息进行科学分析后，企业就应该立刻检查自身的工作流程，在“以客户为中心”的原则下开展自查和自纠，找出不符合客户满意管理的流程，制定企业的改进方案并有效实施，以提高客户的满意度。

技能实践

实习小组来到一家企业的客户服务部，他们的任务是从进行客户满意度调查开始，学习如何进行客户满意管理。

客户满意度调查

1. 明确调查目的

通过对客户满意度的调查、测量和分析，做出适当改进，以保持或提高客户满意度，持续满足客户当前和未来的需求和期望。通过对客户满意度的评审及倾听客户的有效建议，完善客户满意管理，消除各项令客户不满意的因素，真正改善产品品质、完善各项服务及降低成本，进一步为客户提供优质服务。

2. 明确调查范围和责任部门

调查范围是企业的老客户。由客户服务部作为调查实施部门负责实施对客户满意度的调查、测量和分析，接收并记录客户反馈的信息。由营销部与客户服务部根据客户的满意度分析结果提出改进措施并落实执行。

3. 组织和准备工作

（1）制订客户满意度调查计划

调查计划包括调查的客户数量和名单、调查时间的安排等。

（2）确定调查方式

调查方式包括电话沟通、走访客户、问卷调查等。

（3）确定调查内容

调查内容包括企业信誉及形象、价格合理性、产品性能、产品质量、产品外观、服务是否及时、服务态度、按期交付能力、维修质量、紧急供货能力等。

（4）确定评价方法

采用七级评价法，分为很满意、满意、较满意、一般、不太满意、不满意和很不满意这七级，相应赋值为 7、6、5、4、3、2、1。对服务态度、服务是否及时两项指标给予 1.5 的权重，其他指标权重为 1。

（5）形成调查问卷表

根据上述内容，形成客户满意度调查问卷表。

4. 调查实施

客户服务部依据调查计划中的客户名单，采取多种方式发放调查问卷表，向客户说明调查的目的和调查表的填写方法、回收时间及方式，用自己的诚意赢得客户对调查工作的支持。

及时收回调查问卷表，回收率应达到 85% 以上。如因客户的原因而未有结果，且回复未超过总调查客户数的 60% 时，还应采用电话调查的方式记录客户的各项满意度情况，作为补充措施。

5. 统计分析

调查完成之后，客户服务部和营销部对调查结果进行统计，汇总出客户满意度调查情况如下：

客户满意度调查表汇总

序号	客户名称	企业信誉及形象	价格合理性	产品性能	产品质量	产品外观	服务是否及时	服务态度	按期交付能力	维修质量	紧急供货能力	满意度（%）
1	余姚俊华	8	10	8	8	10	10	10	8	10	8	90
2	象山俊仁	8	10	8	10	10	8	10	8	10	8	90
3	常州靖杭	10	10	10	8	8	10	10	8	10	8	92
4	张家港敏扬	8	10	10	8	8	10	10	8	10	6	88
5	上海合欣	10	10	8	8	10	8	10	8	10	8	90
6	上海江邮	8	10	8	8	10	10	10	8	10	8	90
7	临沂鑫汇	10	10	8	8	10	8	10	8	10	8	90
8	郑州台达	10	10	10	8	10	10	10	6	8	8	90
9	洛阳吉鑫祥	10	10	8	8	10	10	10	8	8	8	90
10	湖北力成	8	10	10	8	8	10	10	8	10	8	90
11	江阴兴合	10	10	8	8	10	8	10	8	10	8	90
12	兰州友嘉	8	10	8	10	8	10	10	8	10	8	90
13	岳阳睿天	10	10	8	8	10	10	10	8	8	8	90
14	常熟海霸	8	10	8	10	8	10	10	8	10	8	90
15	成都宸擁	8	10	8	10	10	10	10	8	8	8	90
合计（%）		91	100	85	85	93	95	100	79	93	79	90

针对客户反馈意见中最集中的问题，以及客户满意度最低的项目，即按期交付能力及紧急供货能力两项，客户服务部和营销部一起研究对策，以期在今后的工作中改进提高。

思考与练习

1. 说出下列陈述所对应的概念。

（1）对需求是否满足的一种界定尺度。

（2）按梯级理论进行层次划分来衡量客户服务的满意程度。

（3）企业产品带给客户的满足状态。

（4）产品在售前、售中、售后以及生命周期的不同阶段所采取的服务措施令客户满意的程度。

2. 判断下面说法的正确（√）与错误（×）。

（1）客户满意是指客户对产品满意。 （ ）

（2）客户满意度是一个具体的数字指标。 （ ）

（3）客户满意度需要经过调查才能得知。 （ ）

（4）进行客户满意度调查可以增加客户的满意度。 （ ）

3. 为自己熟悉的某产品设计一次客户满意度调查。

课题2 客户投诉管理

案例引导

一位顾客拿着一双断面靴子来柜台投诉，要求换货。营业员查看后判断产品是属于质量问题，但是顾客没有购物凭证，而且其购买时使用现金付款，销售系统中找不到任何销货依据，无法确定购买时间，所以营业员告知顾客没有购物凭证不能处理。顾客对此不能接受，双方争执不下。这时，专柜业务主管走了过来，主管首先安抚顾客情绪，耐心倾听顾客和营业员诉说事件原因，随即找出真正矛盾根源，即没有购物凭证。然后主管跟顾客说明需要购物凭证的原因，并咨询顾客大概的购买时间和金额，同时与营业员核实相关信息，最后跟顾客协商，为减少双方损失，让顾客付一定金额后做换货处理。

思考：如何正确处理客户投诉？

相关知识

一、客户投诉的概念

客户投诉是指客户用口头或书面的方式表现出来的不满和抱怨。虽然企业认为自己做得已经很完美，但只要与客户的期望有差距，投诉就会产生。当客户的需求和期望没有得到满足，产品或服务的质量存在问题，客户想要退款、降价或是索赔等时，都可能引来客户的投诉。

一般来讲，没有任何企业能达到完全的客户满意，因此客户投诉是难免存在的。客户的投诉对于企业来讲是与客户沟通的好机会，同时也是企业在经营管理方面改进的好机会。

二、客户投诉的类型

1. 按照投诉的严重程度分类

按照投诉的严重程度不同，客户投诉可分为一般投诉和严重投诉。

（1）一般投诉是指投诉的内容、性质比较轻微，没有对投诉人造成大的损害或者投诉人的投诉言行负面影响不是很大的投诉。例如，客户投诉商家服务不周到等。

（2）严重投诉是指投诉涉及的问题比较严重，对投诉人造成了较大的物质或精神上的伤害，引起投诉人的愤怒进而做出不利于企业的言行。例如，由于企业产品质量问题对客户造成了较大的身体伤害，客户对此进行的投诉。

一般投诉如果处理不当，极有可能演变成严重投诉；相反，如果严重投诉处理得比较有技巧，也可以转化为一般投诉。

2. 按照投诉原因分类

按照投诉的原因不同，客户投诉可分为产品质量投诉、服务投诉、价格投诉和诚信投诉。

（1）产品质量投诉是指投诉人对产品的质量、性能、安全等方面不满意而提出的投诉。

（2）服务投诉是指投诉人对企业提供的售后服务或销售人员的服务方式、态度等方面不满意而提出的投诉。

（3）价格投诉是指投诉人认为其所购产品或服务价格过高或者物非所值而产生的投诉。

（4）诚信投诉是指投诉人因购买产品或服务后，发现其使用价值或感受到的服务与售前或售中所宣传、承诺的不符而产生的投诉。

3. 按照投诉的方式分类

按照投诉的方式不同，客户投诉可分为电话投诉、电子邮件投诉、现场投诉和其他投诉。

（1）电话投诉是指客户采用打电话的方式，向提供产品或服务的企业或者其他相关机构（公共媒体、管理部门）表达自己对产品或服务的不满。

（2）电子邮件投诉是指客户采用发送电子邮件的方式，向提供产品或服务的企业或者其他相关机构（公共媒体、管理部门）表达自己对产品或服务的不满。

（3）现场投诉是指客户直接到购买产品或服务的现场，向提供产品或服务的企业或者其他相关机构（公共媒体、管理部门）表达自己对产品或服务的不满。

（4）其他投诉是指客户用除电话、电子邮件、现场投诉以外的其他方式，向提供产品或服务的企业或者其他相关机构（公共媒体、管理部门）表达自己对产品或服务的不满。

4. 按照投诉行为分类

按照投诉的行为不同，客户投诉可分为消极抱怨型投诉、负面宣传型投诉、愤怒发泄型投诉和极端激进型投诉。

（1）消极抱怨型投诉主要表现为投诉人不停地抱怨对各方面的不满意，投诉的重心在于表达“不满意”。

（2）负面宣传型投诉主要表现为投诉人在公共场合或在除企业外其他人面前负面评论企业的产品或服务，其投诉的重心在于“广而告知”企业产品或服务的缺陷。

（3）愤怒发泄型投诉主要表现为投诉人情绪激动或失控，投诉的重心在以愤怒、敌对的方式宣泄自己的“不满意”。

（4）极端激进型投诉主要表现为投诉人以极端的方式与企业发生口角或做出一些过激的行为，不达目的绝不罢休，这类投诉一般称为客户冲突。

5. 按照投诉的目的分类

按照投诉的目的不同，客户投诉可分为建议性投诉、批评性投诉和控告性投诉。

（1）建议性投诉是指投诉人一般不是在心情不佳的情况下投诉的，恰恰相反，这种投诉很可能是随着对企业的赞誉而发生的，即“尽管现在这样也不错，但如果那样做就会更好”。

（2）批评性投诉主要是指投诉人心怀不满，但情绪相对平静，只是把这种不满告诉对方，不一定要对方做出什么承诺。

（3）控告性投诉主要是指投诉人已被激怒，情绪激动，要求投诉对象做出某种承诺。

这三类投诉也不是一成不变的，不被理睬的建设性投诉会进一步转变成批评性投诉，进而有可能发展成为控告性投诉。

三、正确处理客户投诉的意义

1. 处理好客户投诉可以维护客户的忠诚度

客户提出的投诉如果得到圆满解决，其忠诚程度会比从来没有过抱怨的客户要高。企业有效地解决投诉，会让客户有信赖感，能够为企业赢得客户的忠诚。

2. 客户投诉可以促进企业成长

客户的投诉是用另一种方式告诉企业存在的不足，如果企业认真对待客户的投诉，及时解决存在的问题，就会在这个过程中获得成长，所以客户投诉可以促进企业成长。

3. 巧妙处理客户投诉可以帮助企业提升形象

企业如果处理客户投诉巧妙、得当，会增强客户对企业的满意度，从而在不知不觉中提升企业的形象。

4. 客户投诉可以帮助企业发现隐藏的商机

客户的投诉能够让企业了解到消费者的真实想法，这对于企业来讲是非常宝贵的信息，能够从中发现产品存在的问题和不足，并从中发现潜在商机。

四、处理客户投诉的方法

1. 处理客户投诉的原则

（1）依制度行事

企业应有专门的制度和专门的人员来管理客户投诉问题，另外要做好各种预防工作，以防患于未然。

（2）及时处理

对于客户投诉，各部门应积极合作，迅速做出反应，力争在最短的时间内全面解决问题，给客户一个圆满的结果。

（3）责任明晰

分清造成客户投诉的责任部门和责任人，并且明确处理投诉的各部门、各类人员的具体职责与权限以及客户投诉得不到及时圆满解决应承担的责任。

2. 处理客户投诉的方式

（1）专人接待，全天候受理

客户服务部门安排专人受理客户的各类投诉，并且建立轮班制度，确保24小时受理客户投诉。

（2）做好客户投诉记录

客户不论以何种方式投诉，接待人员均须填写客户投诉记录单（见表4—1）。

表4—1　　**客户投诉记录单**

投诉客户名称		地址	
受理日期		受理编号	
投诉方式		客户联系方式	
投诉理由（事件经过）:			
投诉要求: 部门受理人员（签字）:			

（3）分析投诉原因

客户服务人员针对投诉事项，判断客户投诉事项的责任。

1）若客户投诉事项的责任不在企业方面，客户服务人员要耐心、认真地向客户做出解释，以征得客户的理解。

2）若客户投诉事项的责任确实在于企业，则应根据投诉事项的性质判定投诉处理时间，并及时将投诉解决期限通知客户。

（4）确定投诉处理部门

1）内部责任判断。客户服务人员根据投诉事项描述和客户提供的相关证明判断造成客户投诉的主要原因和负责部门，负责部门一般包括生产部、质量管理部、技术研发部以及市场营销部等。

2）客户服务主管向相关责任部门送达客户投诉处理单（见表4—2），相关责任部门根据部门业务流程详细调查造成投诉的原因。

表4—2　　客户投诉处理单

客户名称		处理单编号		处理部门		处理日期	
投诉处理结果							
受理人员意见							
部门经理意见							
客户意见							

（5）提出处理方案

1）客户服务部及时同投诉处理部门进行沟通，了解投诉处理的进度。

2）投诉处理部门及时向客户服务部提出客户投诉处理的结果和建议。

3）客户服务部会同相关主要责任部门形成客户投诉处理具体方案。

4）主管领导对客户投诉处理方案进行审核后，提出实施意见，并将其交给客户服务部。

（6）实施客户投诉处理方案

1）客户服务部在承诺的投诉处理期限内完成投诉处理，并向投诉客户及时通告投诉处理的结果。

2）客户服务部认真听取客户对投诉处理方式的意见，双方达成一致意见后，客户在客户投诉处理单上签字，客户服务部代表公司履行投诉处理责任。

（7）收集客户反馈信息

1）客户服务部在客户投诉处理后一周内对客户进行回访，了解客户对投诉处理的满意度。

2）客户服务部及时将客户回访的意见填入表格，并将表格进行汇总和整理，作为对客户服务部工作的评价依据之一。

（8）总结改进

1）客户服务部定期对客户投诉的受理和处理情况进行汇总和统计，填写客户投诉分析统计表（见表4—3）。

表 4—3　　客户投诉分析统计表

<table>
<tr><th colspan="2" rowspan="2">投诉</th><th rowspan="2">客户姓名</th><th colspan="2">投诉内容</th><th rowspan="2">责任单位</th><th colspan="4">处理方式</th><th rowspan="2">损失金额</th></tr>
<tr><th>品名</th><th>数量</th><th>赔偿</th><th>退货</th><th>折价</th><th>其他</th></tr>
<tr><td>日期</td><td>编号</td><td></td><td></td><td></td><td></td><td></td><td></td><td></td><td></td><td></td></tr>
<tr><td></td><td></td><td></td><td></td><td></td><td></td><td></td><td></td><td></td><td></td><td></td></tr>
<tr><td></td><td></td><td></td><td></td><td></td><td></td><td></td><td></td><td></td><td></td><td></td></tr>
<tr><td></td><td></td><td></td><td></td><td></td><td></td><td></td><td></td><td></td><td></td><td></td></tr>
</table>

2）客户服务部根据客户投诉过程中形成的各种表格和记录，改进客户服务流程和管理制度。

3. 处理客户投诉的技巧

处理客户投诉时应先安抚投诉人的情绪，再处理事情，并最终达成一致的处理协议，同时应做好后续追踪工作。

（1）倾听

认真倾听客户所描述的信息，并给予积极的回应，同时要做好相应的记录（包括投诉的描述、相关资料、预期回复时间、要求补偿的方式等）。

（2）同情

应站在客户的角度，关注此时此刻他（她）的心情，积极、主动地关注他（她）所提出的问题，并给出回应，让客户感受到客户服务人员是站在他（她）的角度考虑问题的。

（3）通过调查明确问题并及时答复

在前面两步的基础上，根据投诉的严重性进行评估并做相应的调查，调查的程序要与投诉的严重性和发生的频率相一致。通过细致的调查，明确相应的问题后，应及时对客户做出答复。

（4）达成一致的处理协议

在全面关注客户真实感受并站在企业长远发展的角度，本着让双方损失达到最小的原则，通过与客户协商，达成一致的处理协议，并按协议实施。

（5）跟踪落实

对于承诺客户的协议，一定要跟踪落实到位，以确保在承诺的时间内完成所有承诺事项。对于企业内部需要进行改进的部分，企业应全面且细致地进行原因分析，并根据原因制定相应的纠正措施（措施应确保具有可执行性）。企业内部还应对纠正措施的有效性进行跟踪，以确保措施得到落实，并能真正预防此类投诉的再次发生。

技能实践

处理客户投诉是企业非常重视的一项客户服务项目，巧妙地处理客户投诉，可以使濒临破裂的客户关系得以修复，让客户的满意度得以提高。实习小组的同学们来到了某商厦的客户服务部，学习正确处理客户投诉的方法。

客户投诉处理

实习小组的同学们在客户服务部学习该商厦客户投诉的处理规定，并参与客户投诉的处理。

1. 客户投诉一般处理规定

该商厦客户投诉一般处理规定见表4—4。

表4—4　客户投诉一般处理规定

种类	投诉类型	处理方式
服装类	尺码不合适	检查产品吊牌是否完整无损，是否影响商品的第二次销售，销售日期是否超过一周，商品是否未使用或下过水 如不存在货品的问题，应尽可能说服客户采取换货处理
	产品褪色	先检查商品标识成分，如果是含棉量高的面料，稍有褪色属正常现象，如褪色情况过于严重，很有可能是客户的洗涤方法不正确；如果是纤维含量多的面料，一种可能是客户的洗涤方法不正确，另一种可能是面料的染色技术不过关。如属面料问题应与厂商协调换货
	脱线	脱线一般发生于针织品，一种可能是接头部分没有接好，会自然脱线，另一种可能是被尖锐的物品钩破 如果是接头的问题，要求厂商退回总公司修复或换一件新品给客户；如果是客户不小心钩破，可以要求厂商帮忙修复
	羊毛缩水	通常是客户的洗涤方法不正确，纯羊毛的面料需要干洗 若属于客户问题，不予退换
	货物与样品有落差	先跟客户道歉，尽可能地安抚客户情绪，让客户更换其他商品，如客户执意退货，该笔损失由厂商承担

续表

种类	投诉类型	处理方式
鞋类	刚买或未使用要求退货或换货	7天内，在不影响二次销售的前提下，原则上予以换货处理 1个月内，原则上不予换货，酌情处理 1个月以上，可不予受理
	新鞋磨脚或打脚	送厂家做打磨、上蜡处理
	鞋上饰品脱落、拉链损坏、开线	“三包”期内免费送厂家维修处理，“三包”期后酌情收取维修费
	内里褪色	向客户解释真皮内里褪色属于正常现象
	新鞋大小不一、出现色差	换货
	脱胶	7天内原则上做维修处理，但若给客户造成较大影响，可酌情换货 7天至保修期内，做维修处理
	鞋尖受损、翻皮	做维修处理 属人为因素造成的，原则上可不予受理，但若客户购买时间为15天内，可酌情予以维修
	变形、褶皱	7天内，情况较严重时，予以换货处理 7天至保修期内出现此现象，属于正常现象
	配跟、鞋底磨损严重	配跟可予更换，鞋底部分必要时可予更换片底
	断跟、断底、断面、断脚帮	保修期内由客户选择修、换、退，争取以换货处理
	鞋内漏出钉头、定型部分露出铁丝	7天内由客户选择修、换、退，原则上予以换货处理 7～15天内客户可选择维修或换货 15天至保修期内做维修处理
	无收银条或购物凭证要求退换货	一般不予受理
化妆品	刚买或购买一段时间后要求换货	在不影响二次销售的前提下可以满足客户要求，但原则上只同意客户换同一柜台的商品，且争取所换购商品金额较原购买商品金额更高
	客户购买后对产品不满意，要求退货	原则上，产品无任何质量问题，售出后不予以退货处理，但在不影响二次销售的前提下，可酌情给予换货处理，换货条件比照上述所列
	对营业员的服务态度不满	作为服务行业，最注重的就是服务，无论事情的起因在哪方，相关营业员首先都必须为自己的态度而向客户诚恳道歉，主管除对相关人员提报惩处外，后续还要加强对员工的沟通教育，切实提高服务理念

2. 客户投诉处理实例

（1）实例一：客户购买床上用品的投诉处理

一位客户因要搬新家想买一套床上用品，在该商场 4 楼专柜看中一套床上用品，但商场没有其需要的规格，营业员告知客户可让生产厂家定做，半个月便可送货，客户便付款了。没想到商场和生产厂家联系时才发现厂家已经没有这种颜色的面料了，等厂家再去订货并做好大约要两个多月，客户得知后非常生气，要求退款。但因当时付款时正值这种产品的打折期，商场与客户经过沟通协调，最终客户同意由厂家加速制作，在客户搬新家前将货品送至客户家中，商场后续又赠送客户 2 个枕套以表歉意。

（2）实例二：客户购买服装的投诉处理

一位客户购买了某品牌外套一件，该外套两个袖口及两侧口袋为网状纱面料。客户购回穿了一个月左右，两个袖口严重磨损，客户要求退货。商场经与客户协商，双方达成一致意见，最终做维修处理。

（3）实例三：客户购买靴子的投诉处理

一位客户购买了某品牌女靴一双，面料为羊皮 +PU，两周后客户穿着靴子爬山，造成鞋尖磨损、鞋跟脱落，之后又私自用胶水黏合破损处，后至商场以质量问题要求退货。商场经核实，确认是客户穿着不当并私自维修导致靴子皮面再次受损，不属于产品质量问题，但考虑到产品使用时间较短，与客户协商后达成维修处理的意见。

思考与练习

1. 分析下面的投诉应该如何处理。

一位客户打电话投诉说："你们的服务态度太差。我来办业务，一是排了很长时间的队，花费了许多不必要的时间；二是服务人员说话的声音太小，根本听不见。"

2. 判断下面说法的正确（√）与错误（×）。

（1）客户投诉是指客户对产品不满意。（　　）

（2）对待客户投诉时应分析投诉的属性。（　　）

（3）客户投诉需要及时处理，但也一定要先调查清楚。（　　）

（4）投诉不落实会导致再次发生。（　　）

3. 在班级内采用角色扮演的方式进行一次客户投诉处理的演练。

课题 3　流失客户挽回

案例引导

2008 年，因三聚氰胺事件，我国奶业生产、消费受到较大的影响，对整个产业链产生了巨大冲击，给生产、加工、消费等环节均造成较大影响。三聚氰胺事件后，伊利集团面对消费者对牛奶消费观念的转变，即消费者主要关注牛奶安全问题这一现状，采取多项安全措施，保证产品质量，从而重塑企业在消费者心中的形象，成功挽回众多流失客户。

思考：伊利集团是如何挽回流失客户的？

相关知识

一、客户流失的含义

客户流失是指客户不再到原来曾购买产品或服务的企业再次购买其产品或服务，转而购买其他企业的产品或服务的状态。客户流失，公司就失去了这部分客户带来的利润。

二、客户流失的原因

1. 企业人员流动

企业人员流动是导致客户流失的主要原因之一，特别是企业的高级营销管理人员的离职变动，很容易带来相应客户群的流失。

2. 竞争对手夺走客户

优秀的客户是各大企业争抢的对象，企业会想尽各种办法从竞争对手那里挖走客户。

3. 市场波动

市场周期性的波动以及经营中没有预料到的突发性事件会导致客户流失。

4. 服务细节的疏忽

企业在客户服务和管理方面不够细腻、规范，对于客户的投诉和抱怨处理不及时、不妥当，会导致客户流失。

5. 诚信问题

企业的诚信出现问题，向客户返利、奖励等承诺不能及时兑现，客户也会选择离开。

6. 大企业对客户的不公平待遇

企业对中小客户的要求如果较苛刻，就会使一些中、小客户接受不了不公平待遇而愤然离去。

7. 自然流失

企业管理不规范，与客户长期缺乏沟通，当客户遇到其他服务更好的企业，自然会转为其他企业的客户。

三、挽回流失客户的对策

企业应当采取各种措施防止客户的流失，极力维护客户的忠诚。但当客户流失成为现实的时候，企业也不应该放任自流，轻易放弃，应当依据流失客户的不同级别采取相应的对策。

1. 对关键客户的流失，企业应极力挽回

关键客户是能给企业带来较大价值的客户，这类客户是企业的利润基石，他们的流失会带走企业较大利润，企业应把这些客户放在客户挽回的第一位，而不能任其流向竞争对手。

2. 对普通客户的流失，企业应尽力挽回

普通客户对企业的重要性仅次于关键客户，而且普通客户有可能升级为关键客户。因此，企业对于流失的普通客户要尽力挽回，让其能够不断地为企业创造价值。

3. 对小客户的流失，企业应采取灵活的对策

小客户对企业的利润贡献较低，数量多且零散。对于小客户的流失，企业应当顺其自然，如果企业需要花很长的时间和很大的精力才能挽回这些小客户，则意义不大。

4. 对企业有负面影响的客户，企业应放弃

有些客户不仅不能给企业带来利润，而且还有不履行交易合同、不按规定时限付清货款等对企业有负面影响的行为。对于这些客户，企业应当采取放弃的策略。

四、客户流失率的计算

客户流失率是指客户流失数量占全部客户数量的比例。它是客户流失的定量表述，是判断客户流失的主要指标，直接反映了企业经营与管理的现状。

客户流失率有绝对客户流失率和相对客户流失率两种计算方法。

绝对客户流失率 =（流失的客户数量 ÷ 全部客户数量）×100%

相对客户流失率 =（流失的客户数量 ÷ 全部客户数量）× 流失客户的相对购买额 ×100%

绝对客户流失率是计算全部客户中流失客户的绝对数。相对客户流失率则要加上客户的相对购买额作为权数来考虑客户流失率。例如，一家企业客户数量从 500 减少到 450，那么它流失的客户数量为 50，绝对客户流失率即为 50÷500×100%=10%。若流失的 50 位客户的单位购买额是平均数的 5 倍，那么相对客户流失率即为 50÷500×5×100%=50%。从这两个数字来看绝对客户流失率并不高，而相对客户流失率已经高达 50%，相对客户流失率更应引起企业的重视，以便企业及时采取正确的应对措施。

技能实践

某商业学校的实习小组来到某化妆品生产企业的客户服务部，学习挽回流失客户的相关知识。

化妆品企业挽回流失客户的措施

某化妆品企业因行业及产品质量问题，导致了客户的大量流失，该企业积极采取措施，挽回流失的客户。

1. 认真查找客户流失的真正原因

由于国内个别化妆品重金属超标，让消费者对化妆品生产企业产生了严重的不信任，国内化妆品企业均受此波及，致使客户大量流失，这成为客户流失的最根本原因。

2. 严格管理每一个环节，防止任何质量问题

企业严格检查原材料的供应环节，清理库存产品，对有问题的产品一律销毁，坚决不使其流入市场，通过各项严格的检验措施严防产品质量问题。

3. 透明的生产环节，让客户看到生产过程

企业推出网上生产直播，客户可以从网上直接看到企业全部生产过程的视频直播。

4. 推出开放日，开展监督员活动

企业推出开放日，邀请上万名消费者、质检专家、新闻媒体走进工厂，亲眼见证原料验收、加工等各个操作流程。

上述一系列措施得到消费者和经销商的积极回应，消费者对国内化妆品企业的信心逐步回升，许多流失客户也重新成为该企业的客户。

思考与练习

1. 说出应对这些流失客户的策略。

（1）关键客户的流失。

（2）普通客户的流失。

（3）“小客户”的流失。

（4）对企业有负面影响的客户的流失。

2. 判断下面说法的正确（√）与错误（×）。

（1）企业人员流动会导致客户流失。（　　）

（2）竞争对手会夺走客户。（　　）

（3）市场波动会失去客户。（　　）

（4）服务细节的疏忽会使客户流失。（　　）

（5）诚信问题会让客户选择离开。（　　）

（6）大企业对客户的不公平待遇也会失去客户。（　　）

3. 访问一家小店，帮助其分析客户流失的原因，并为其设计出客户关系恢复和改进的方案。

模块五　客户关系管理（CRM）系统应用

学习目标

- 了解 CRM 系统的产生和功用
- 了解 CRM 系统的基本模块
- 掌握 CRM 系统的基本应用

案例引导

肯·罗布是迪克连锁超市的营销总裁，迪克连锁超市在美国威斯康星州乡村地区拥有八家分店。罗布经营的秘密是当他的客户来商场采购时，他十分了解这些客户想要买些什么。这一点连同超市所提供的优质服务及良好声誉，成为迪克连锁超市应对低价位竞争对手的主要防御手段。

为什么迪克连锁超市能做到这一点呢？原来超市采用了 CRM 系统，通过梳理销售数据，即可预测出客户什么时候会再次购买某些特定产品，再由系统适时推出特惠价格。

具体运行的方法是，在迪克连锁超市每周消费 25 美元以上的客户，每隔一周就会收到一份专门订制的购物清单。这张清单是由客户以往的采购记录及厂家所提供的产品现价、交易政策或折扣共同派生出来的。客户购物时可随身携带此清单，当客户到收银台结账时，收银员就会扫描一下印有条形码的购物清单或者客户的会员卡。无论哪种方式，购物单上的特价产品都会被自动予以兑现，而且这位客户在该店的购物记录会被刷新，生成下一份购物清单。

罗布利用从其客户处所得到的信息向客户提供竞争对手无法轻易效仿的激励，因为这些激励是根据每个客户独自的爱好及购物周期而专门设计订制的。客户在迪克连锁超市购物越多，超市为其专门订制的优惠也就越多，这样就越发激励客户保持忠诚。

思考：CRM 系统的应用为迪克连锁超市带来了哪些益处？

相关知识

一、CRM 系统的产生

CRM 是英文 Customer Relationship Management（客户关系管理）的简写，CRM 系统是以信息技术为手段，通过对以客户为中心的业务流程的组合和设计，形成一个自动化的解决方案，以提高客户的忠诚度，最终实现业务操作效益的提高和利润的增长。以客户为中心、提高客户满意度、培养及维持客户忠诚度，这些营销理念在现代营销中日益被人们重视。CRM 系统正是以此为核心，通过满足客户个性化的需要、提高客户忠诚度，实现缩短销售周期、降低销售成本、增加收入、拓展市场、全面提升企业赢利能力和竞争能力的目的。

目前，在我国应用广泛的 CRM 系统主要有用友、金蝶、八百客等。

二、CRM 系统的作用

CRM 系统为企业构建了一整套以客户为中心的有关客户、营销、服务与支持信息的数据库，它通过建立和优化前端业务流程，深层次分析和挖掘客户信息，加快客户服务与支持响应速度，增强企业在电子商务时代的竞争优势。CRM 系统的主要作用体现在以下几个方面。

1. 提高销售额

企业利用 CRM 系统提供的多渠道客户信息，可以确切了解客户的需求，有针对性地开展营销活动，增加销售的成功率，进而提高销售收入。

2. 增加利润率

由于通过 CRM 系统对客户有了更多了解，企业能够有效地抓住客户的兴趣点，进行精准销售，避免盲目地以价格让利取得交易成功，从而提高销售利润。

3. 提高客户满意度

CRM 系统提供给客户多种形式的沟通渠道，同时又确保各类沟通方式中数据的一致性与连贯性。利用这些数据，企业可以对客户要求做出迅速而正确的反应，让客户在对所购产品满意的同时也认可并愿意保持与企业的有效沟通关系。

4. 降低市场销售成本

通过 CRM 系统对客户进行具体甄别和群组分类，并对其特性进行分析，可以使企业在进行市场推广和销售策略的制定与执行时避免了盲目性，为企业在营销方面节省大量的时间和资金，从而降低市场销售成本。

三、CRM 系统的功能模块

一般来讲，CRM 系统主要包括以下几个功能模块。

1. 销售管理功能模块

（1）完整记录客户销售档案，随时可以进行查询。

（2）随时导进或导出各种报价单，使销售情况明细化。

（3）对合同信息以及销售金额进行实时管理，并进行收款处理，如图 5—1 所示。

销售管理

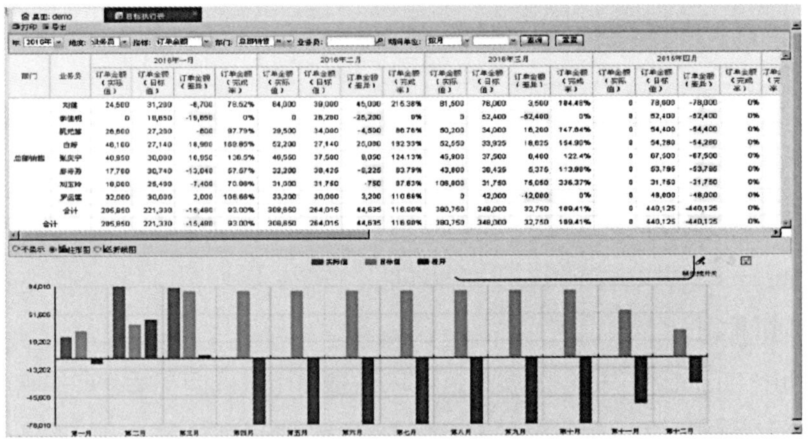

图 5—1　销售金额管理界面

（4）可查询、打印及导出各个合同的收款和付款记录，以确保资金流的正常运行。

2. 客户服务功能模块

（1）客户回访管理

可以记录各个客户的咨询信息及满意度情况，从而了解客户比较关注的问题，以便及时做出应对措施，让客户体验满意的客户服务。同时可以实时跟进客户信息，避免客户丢失，并且可以促成交易订单。

（2）客户投诉管理

可以及时了解客户的需求及不满，对企业客户服务进行合理的改善及优化。客户投诉受理界面如图 5—2 所示。

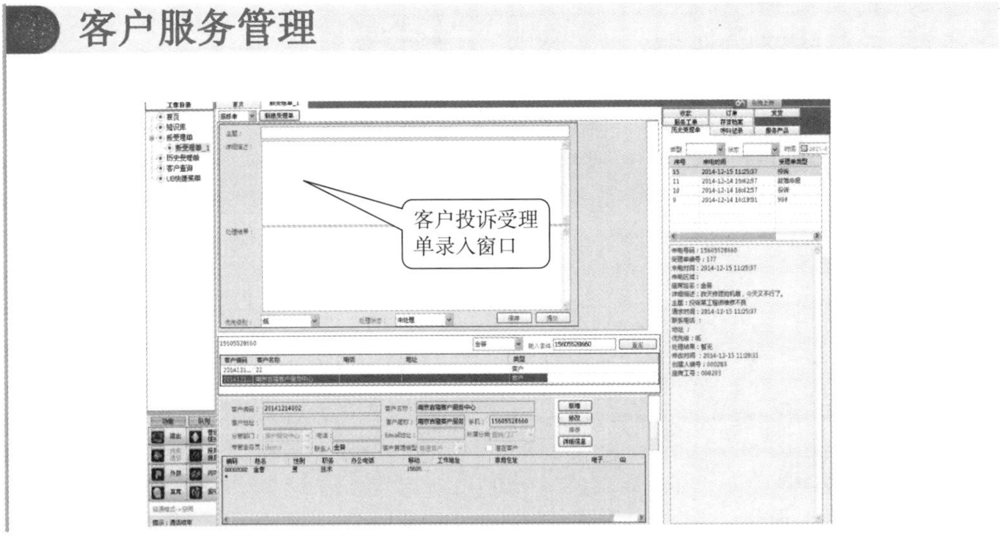

图 5—2　客户投诉受理界面

（3）客户投诉处理记录

针对不同的客户投诉情况进行统计处理，以便设计出更加良好的投诉解决方案，从而持续改进产品质量及不断提高服务品质，使企业的知名度与荣誉度有所提升。

3. 日常工作功能模块

（1）明确每天的工作内容，使工作人员的日常工作更加便利。

（2）通过周报、工作总结等功能实时掌控业务人员的状态和工作绩效，如图 5—3 所示。

4. 任务处理功能模块

（1）通过任务下发来进行客户的调用、指派和收回，灵活分配业务员的工作，更好地为企业创造效益。

（2）通过任务接收来对客户进行详细的跟进及管理。

（3）通过工作看板查看任务处理状态，如图 5—4 所示。

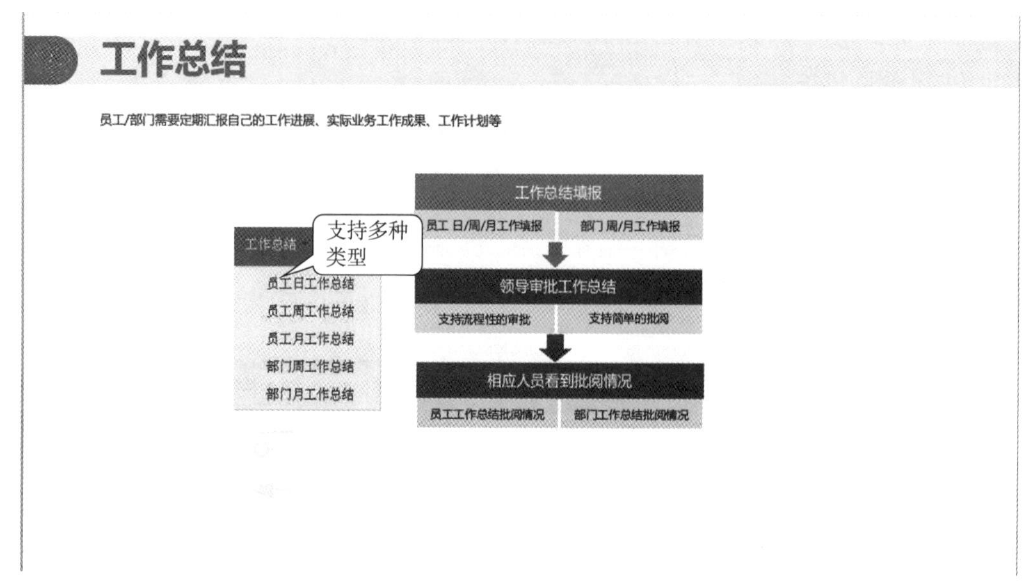

图 5—3　工作总结界面

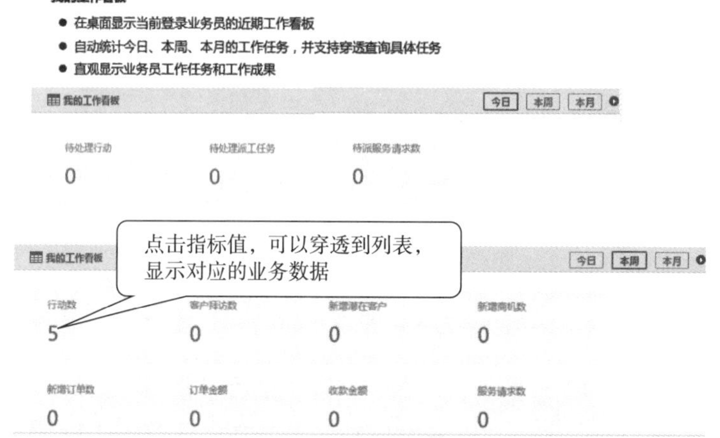

图 5—4　工作看板界面

5. 统计分析功能模块

（1）从区域、业务员、类型、来源、行业五个方面对客户信息进行统计分析，从而对客户的统筹管理有一个总体的概括，并且通过各个范围的对比来分析客户的发展情况，从而找出应对措施。

（2）从联系客户情况、销售情况、业务员订单等方面进行统计分析，实时、全面地掌握各部门、各业务人员的工作进度情况及整个销售情况，及时调整销售政策，如图 5—5 所示。

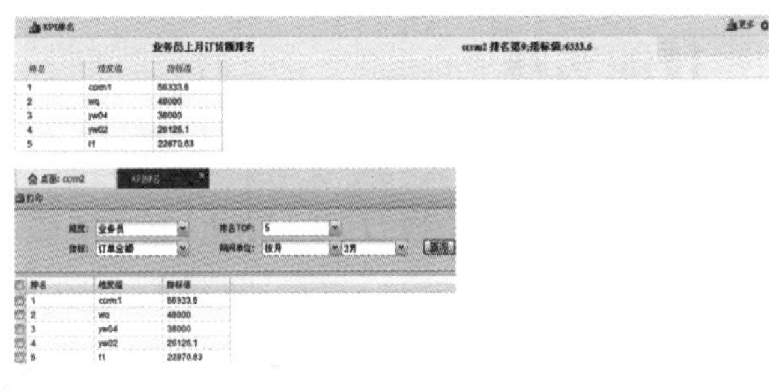

图 5—5　统计分析界面

（3）通过业务员投诉情况和任务完成量等进行统计分析，可以实时掌握各业务员的工作状态和完成情况，以便及时发现问题、解决问题，并给予业务员必要的帮助和支持，以确保各项工作快速、高效、精确地完成。

四、移动 CRM 系统

随着移动网络的不断发展，CRM 系统已经进入移动时代。移动 CRM 系统是利用无线网络、手机终端、手机上的 CRM 软件等来实现 CRM 的技术，它将原有 CRM 系统上的客户关系管理功能迁移到手机上。移动 CRM 系统操作界面如图 5—6 所示。移动 CRM 系统具有传统 CRM 系统无法比拟的优越性，具体表现在以下几个方面：

图 5—6　移动 CRM 系统操作界面

1. 移动 CRM 系统摆脱了时间和场所的局限，可以随时随地地进行业务处理，有效提高了管理效率，推动企业效益增长。

2. 相较于传统 CRM 系统，移动 CRM 系统的数据转移更加方便，不再是硬件之间的物理转移，而是直接通过网络实现数据的同步和转移，而且在速度和完整性上，都优于传统的 CRM 系统。

3. 因为手机平台本身的优势，移动 CRM 系统的操作较传统 CRM 系统更加简单。

技能实践

某商业学校实习小组的同学来到某商厦，对该商厦应用 CRM 系统的情况进行了深入了解。

某商厦应用 CRM 系统的情况

1. 多样化的营销手段

（1）利用 CRM 系统主动营销

1）搜索营销。系统整合 Google、Baidu、Yahoo 等多种常用搜索竞价排名系统，关键字与 CRM 线索关键字段进行对照分析，让竞价排名投入更加精准，使更多的点击变成商机。

2）电子邮件营销。利用 CRM 系统向企业的目标客户开始一个长期的、持续的、个性化的、一对一的基于电子邮件的营销活动。

3）短信营销。短信营销已经成为最直接、最高效的营销手段之一。企业利用 CRM 系统的短信模板，将营销信息发送至各目标客户，实施更快捷、更精准的营销活动。

（2）利用 CRM 系统互动营销

1）网站营销。紧紧抓住浏览网站的机会客户。

2）网络会议营销。以最低的成本和投入，将市场活动的空间无限延伸。

3）市场活动管理。通过对市场活动的进度、状况、预算等环节进行实时管理，使市场活动更加顺畅、高效。

（3）利用 CRM 系统评估营销结果

市场营销的核心目的是用更低的成本，帮助企业获取更多的商机。因此，企业需要通过量化的评估手段来衡量每次营销活动的效果，持续不断地优化市场营销策略。

1）找准营销对象。利用评估结果，挑选出企业营销的重点客户，针对重点客户的需求和特征策划营销活动，提高营销的精准度。

2）节约营销开支。利用评估结果优化营销项目，将效果不好的项目从方案中减掉，以减少不必要的开支。

2. 精细化的销售行为

（1）全方位制订计划

从客户、产品、部门、员工等多个维度制订销售计划，满足不同业务部门及人员对计划管理的要求。随时根据制订的计划动态对比销售计划的完成情况，改变管理信息滞后于财务信息、财务信息滞后于业务信息的状况。

（2）销售过程透视管理

CRM 系统提供从销售机会设置、进度安排、资源计划、执行控制、费用管理、团队协同到项目分析和知识管理的全程销售项目管理机制。使销售推进过程更有效，机会主线更清晰，信息更可追溯，控制更严谨。CRM 系统可以针对每个销售机会建立虚拟的销售团队，团队成员之间通过系统可以充分共享销售项目推进过程中的动态信息。

（3）动态销售预测分析

CRM 系统的销售管理功能模块能够让销售管理人员随时了解销售项目的状态，可透视各个正在追踪项目的进展情况，以便有效地安排和协调公司资源，提高销售项目赢单的可能性。

3. 促进客户再次购买

CRM 系统根据客户资产、订单、客户特征、联系人、服务订单等多个维度，设计组合条件批量生成主动服务计划，通过现场服务或呼叫中心等非现场的服务手段对客户进行主动服务关怀，在提高客户满意度的同时，还可以挖掘新的销售机会，促进客户再次购买。

4. 周到的 VIP 服务

企业通过 CRM 系统的应用，建立了有效、可用的会员信息库。业务人员通过系统提供的会员检索功能找出所需的 VIP 客户资料，以电话、短信、邮件等方式对 VIP 客户进行回访，充分了解客户需求。当 VIP 客户再次消费时，业务人员能够通过系统马上了解到该客户的消费喜好、历史消费记录，这样可以快速、准确地和客户达成共识，提高成交概率，留住忠诚客户。

案例聚焦

苏宁电器的 CRM 系统应用

苏宁电器是中国 3C（家电、计算机、通信）连锁零售企业的领先者，也是第一家运用以 SAP/ERP 为核心的信息化平台的商业零售企业。

苏宁电器在各地的客服中心都是以 CRM 系统为运作基础的。客户服务中心的 CRM 系统将自动语音应答、智能排队、网上呼叫、语音信箱、传真和语音记录、电子邮件处理、屏幕自动弹出、报表、集成中文 TTS 转换、集成 SMS 短消息服务等多项功能纳入其中，建立了一个覆盖全国的对外统一服务、对内全面智能的管理平台。

依托数字化平台，苏宁电器会员制服务全面升级为 CRM 销售模式，大大简化了消费者的购物环节。例如，苏宁电器可以直接给予某些有着良好购买记录的顾客现金优惠，也可以根据对方的购买习惯打包进行捆绑式销售，这些都给顾客带来了方便和实际效益。

思考与练习

1. 说出下面 CRM 系统的功能模块。

（1）提供销售预测。

（2）提供订单与合同的管理。

（3）提供产品的保修与维修处理以及记录产品的索赔及退货。

（4）记录主要竞争对手和主要竞争产品。

（5）提供客户投诉处理状态及执行情况跟踪。

2. 判断下面说法的正确（√）与错误（×）。

（1）CRM 系统是一种旨在改善企业与客户之间关系的信息管理系统。（　　）

（2）CRM 系统是一整套以客户为中心的有关客户、营销、服务与支持信息的数据库。（　　）

（3）一套 CRM 系统大都具备销售管理、客户服务管理、日常工作、任务处理、统计分析等功能模块。（　　）

（4）企业只能采用规定的 CRM 系统来实现对客户关系的管理。（　　）

3. 选择一家信息管理规范的企业，了解其所使用的 CRM 系统的名称及功能。